中国学校教育探索丛书
甬派教育管理名家系列

U0646210

初中自主课堂
建设的思与行

许鹏浩　著

北京师范大学出版集团
BEIJING NORMAL UNIVERSITY PUBLISHING GROUP
北京师范大学出版社

图书在版编目(CIP)数据

初中自主课堂建设的思与行/许鹏浩著 . —北京：北京师
范大学出版社，2020.11
ISBN 978-7-303-26334-9

Ⅰ . ①初… Ⅱ . ①许… Ⅲ . ①课堂教学－教学研究－初
中 Ⅳ.①G632.421

中国版本图书馆 CIP 数据核字(2020)第 170622 号

营　销　中　心　电　话　010-58802135　010-58802786
北师大出版社教师教育分社微信公众号　京师教师教育

CHUZHONG ZIZHU KETANG JIANSHE DE SI YU XING

出版发行：北京师范大学出版社　www.bnup.com
　　　　　北京市西城区新街口外大街 12-3 号
　　　　　邮政编码：100088
印　　刷：天津旭非印刷有限公司
经　　销：全国新华书店
开　　本：787 mm×1092 mm　1/16
印　　张：15.25
字　　数：230 千字
版　　次：2020 年 11 月第 1 版
印　　次：2020 年 11 月第 1 次印刷
定　　价：52.00 元

策划编辑：冯谦益　　　　　　责任编辑：马力敏　梁民华
美术编辑：李向昕　　　　　　装帧设计：李向昕
责任校对：康　悦　　　　　　责任印制：马　洁

丛书编委会

主　任：苏泽庭

副主任：徐文姬　陈如平　柳国梁

委　员：（按姓氏笔画排名）

马　兰　王晶晶　石伟平　朱永祥

刘占兰　李　丽　沙培宁　张新平

林小云　赵建华　袁玲俊　耿　申

戚业国　彭　钢　蓝　维

序一

　　"教育兴则国兴，教育强则国强。"实现中华民族伟大复兴的中国梦，归根到底是靠人才、靠教育，必须把教育事业放在优先位置。党的十九大报告提出的"建设教育强国"，主要方向是走中国特色社会主义教育发展道路。习近平总书记在 2018 年全国教育大会上明确提出"坚持扎根中国大地办教育"。中国的教育应根植于中华文明，守住中华优秀传统文化的根与魂，讲好中国教育故事，创生中国特色理论，为人类贡献中国智慧和中国方案。

　　宁波简称"甬"，位于长江三角洲南翼，是我国东南沿海重要港口城市和历史文化名城。宁波教育源远流长，长盛不衰。唐建州学，宋设县学，人文荟萃，贤才辈出。在河姆渡文化的孕育下，宁波先后出现了一批又一批有影响力的教育思想家，如宋元时期的高闶、王应麟等，明清时期的王阳明、钱德洪、徐爱、方孝孺、朱之瑜、黄宗羲等，民国时期的陈训正、张雪门、杨贤江等。这些先贤都为宁波的教育做出了不朽贡献，在中国的教育发展史上发挥了重要作用，是甬派教育家的典型代表。

　　改革开放以来，宁波市的基础教育实现了跨越式发展。宁波教育本着"以人民为中心"的宗旨，全力"办人民满意的教育"。人民满意的教育是优质公平的教育，是"办好每一所学校""教好每一个孩子"的教育。谁来办好每一所学校呢？除了政府提供必要的条件外，"教师是立教之本、兴教之源"。那么，靠谁把广大教师组织起来呢？靠校长。有一位好校长，才有一所好学校。宁波基础教育高水平优质发展的伟大实践，亟需一批"教育家型"的优秀校长。正是基于这种思路，从 2009 年开始，宁波市就启动了"甬派教育管理名家培养工程"，2017 年 3 月启动了第二期工程。

　　一项人才培养工程能够持续开展十余年，并持续发挥重要作用，这本身就值得研究。长期以来,宁波市一直重视中小学校长和幼儿园园长队伍的建设,注重校(园)长成长规律和培训规律的研究,凭借宁波人"敢为人先"的创新精神,开创性地提出了教育干部培训的宁波模式和宁波经验,形成了"新任校长—合格校长—骨干校长—名校长—教育管理名家"的"五段三分双导"校长培养的完整体系。"甬派教育管理名家培养工程"位于宁波市教育干部培训"金字塔型"培养体系的塔尖,代表了宁波市教育干部培训工作的新高度,已经成为宁波市教育干部培训的新品牌。第二期"甬派教育管理名家培养工程"采用"双导师制",聘请国内著名教育专家为理论导师,聘请全国有影响力的著名校长为实践导师,采用课题研究与经验提炼相结合的方式,来进行三年学习、两年展示的为期五年的培训,进而培养出教育管理的领军人物。这次出版的"甬派教育管理名家系列"丛书就是第二期培养对象经过三年学习,在名家的指导下,对自我教育实践进行提炼和提升的成果。

丛书的出版,虽然有种"立此存照"的意思,但更重要的是为了提供一种"本土经验""本土智慧"和"本土创造"。本系列丛书,有的是对办学实践的经验反思,有的是对办学主张的提炼梳理,有的是对办学理想的叙说表达……这些教育经验、教育主张、教育信念和教育理论,共同组成了新时代"甬派教育管理名家"的教育思想。细细品味丛书,我们可以清晰地感受到这批"甬派教育管理名家"办学思想背后的文化底蕴。

"知行合一,就是要行必务实。"本系列丛书的每一位作者都是宁波校长队伍中的优秀代表,他们的成长都建立在成功办学的基础上。每一本专著背后,都有一所或几所优质学校做后盾。从每一位校长的成长历程中,我们可以清晰地看到,"知行合一"已经成为他们共同遵循的基本观念。他们强调做实事、务实功、求实效,确保定下的每一件事能做到、能做好。他们强调"经世致用"学风,"务当务之务",勇于任事,致力创新。本系列丛书记录了他们从理论到实践的行进方式,促进了宁波教育的率先发展,体现了"实践、认识、再实践、再认识"的实践论观点。

"知难而进,就是要行不懈怠。"本系列丛书在编写和出版过程中遇到的困难是显而易见的。从出版的数量上看,一项工程要出版 20 本专著,这在宁波市教育干部培训历史上是前所未有的。本系列丛书出版的组织者——宁波教育学院,坚持志不求易、事不避难,这种担当精神令人敬佩。从出版的质量上看,作为专著的作者,各位校长要从忙碌的日常管理工作中抽出时间是一件十分不易的事，而且在写作过程中还会遇到各种问题，这些对他们来说都是很大的挑战。但是，他们敢于直面挑战，勇于解决问题，把不可能变成了可能。因此，本系列丛书的成功出版，是各方知难而进、共同奋斗的结果。

"知书达礼，就是要行而优雅。"有着400多年历史的天一阁，是中国现存较早的私家藏书楼，也是亚洲现有较为古老的图书馆和世界最早的三大家庭图书馆之一。它使人们真切地感受到了书香宁波的特有气质。本系列丛书的出版既是对这种城市魅力的共建，又是对流淌在宁波教育人身上"书卷气"的共识。从工程一期的《我的教育思想》到这次二期的系列丛书的出版，反映了宁波教育人注重内涵发展、崇尚理性思想、爱好著书立说的优雅旨趣。翻开丛书，我们从字里行间都能感受到各位校长在办学过程中体现出来的崇文重教、崇德向善的教育思想和知书达理、彬彬有礼的人格魅力。

"知恩图报，就是要行路思源。"宁波人懂感恩、会感恩，本系列丛书的出版也是一种感恩回报。在工程的实施过程中，他们有幸得到了全国著名教育专家的指导；他们感恩各位导师的辛勤付出，珍惜与导师的深厚情谊。本系列丛书的出版是他们对导师最好的回报。他们有幸遇到了北京师范大学出版社，敬业勤勉的编辑老师的专业指导助推了丛书的顺利出版。他们感恩党和政府，正是在党的正确领导下，才实现了他们的个人价值。他们感恩教育本身，蓬勃发展的教育事业为他们提供了研究教育、施展才华和专业成长的沃土。本系列丛书的出版，必将对宁波教育的发展发挥重要作用。他们感恩所有关心、支持和帮助过他们的人，本系列丛书正是他们抒发这种感恩之情的载体。书中提到的每件事、每个人，其背后都是浓浓的感恩之情。

总之，"甬派教育管理名家系列"丛书的出版是宁波教育史上的一件大事，是宁波教育向中国共产党成立100周年的献礼之作，必将对宁波教育努力率先高水平实现教育现代化的新时代总目标发挥重要作用。

苏泽庭

2020 年 8 月

序二

　　2017年3月，宁波市第二批"甬派教育管理名家培养工程"启动，29位宁波市知名校长入围受训。此工程是宁波市加强校长队伍建设的创新之举，也是宁波市校长培训工作的顶端品牌，旨在落实"教育家办学"理念，通过培养一批"更加专业""更加卓越"的"本土教育家"校长，来领导宁波教育的创新发展。我受宁波市教育局、宁波教育学院、宁波市教育行政干部培训中心的委托，全权代邀10位国内著名的专家学者组成了一个专业的导师组；又因是宁波人的关系，被任命为组长。三年多来，经过面试面授、外出游学、著书立说、登台报告等环环相扣的程序，"甬派教育管理名家培养工程"已完成大部分的目标和任务，进入了最后的收官阶段。

　　回首当初，宁波市教育局、宁波教育学院、宁波市教育行政干部培训中心和导师组曾就此工程提出了"五个一"的目标，即申报立项一个课题，核心期刊上发表一篇学术论文，每年外出短期游学拜师一次，撰写一部教育管理专著、举办一次办学思想研讨会。其中，最为重头也是最硬气的，就是要求第二批教育管理名家培养对象人人完成一部专著，即基于办学实际和对教育内涵、教育教学管理具体工作、办学育人规律的认识，对教育问题进行思考并总结行之有效的经验做法，通过思考、梳理、总结、提炼，集结成册，最后形成一本专著。令人欣慰的是，在宁波市教育局、宁波教育学院、宁波市教育行政干部培训中心的领导下，在导师组的精心指导下，29位培养对象中，除却3人因工作调动不再担任校长外，共有19位校长最终提交了书稿，编写成"甬派教育管理名家系列"丛书。由北京师范大学出版社正式出版，成为"甬派教育管理名家培养工程"的标志性成果。

　　30多年来，我始终关注学校的发展问题，特别是校长这个学校发展的关键性和决定性因素。俗话说得好，"火车跑得快，全凭车头带"。从某种意义上说，校长的素质决定学校的发展，没有高素质的校长，就不可能有学校的可持续发展。近年来，大量的学校实践案例和校长实践经验，让我对"一位好校长就是一所好学校"这一信条深信不疑。这一点已在第二批"甬派教育管理名家培养工程"的培养对象办学以及他们各自的专著中体现出来。2020年9月15日，《教育部等八部门关于进一步激发中小学办学活力的若干意见》(以下简称《意见》)发布，明确提出注重选优配强校长，努力造就一支政治过硬、品德高尚、业务精湛、治校有方的高素质专业化校长队伍。这是激发办学活力的关键性因素。《意见》不仅增强了实施"甬派教育管理名家培养工程"的信心和决心，也给未来中小学校长的选拔、培养与使用提出了新的目标和要求。

关于校长的素质特征、能力表现等，我结合近年来自己的研究，认为现在衡量和评判校长水平高低的重要标准或指标有了变化，除了显性的办学成就和管理水平外，还要看他教育思想的整体性、系统性和集成性，看他办学思路的完整性、清晰性和流畅性，看他育人成果的全面性、发展性和创新性。这些标准或指标，以往可以体现在学校章程、发展规划、年终总结或述职报告等载体中，如今必须通过系统思考、全面梳理和总结提炼，形成办学育人的规律性认识以及体系化建构，最终集合成综合性论文或学术专著来展示。这也是我们在第二批"甬派教育管理名家培养工程"中如此重视和强调著书立说的原因。

鼓励和引领校长去著书立说，在实际操作时容易走向功利化境地，对此社会上和教育界内出现了不少反对的声音。尽管我也特别反对教育中各种功利化的做法，如校长为出书而出书，但我还是会建议校长随时对自己的办学思路、行为及其结果进行思考、总结、梳理和提炼。这既是校长的基本功和校长专业发展的必修课，也是加强校长队伍建设的重要任务。那么，如何做好这一项工作？在此，我用教育管理名家的"名"字做些发挥，谈谈自己的三点体会，同时也表明我对"甬派教育管理名家培养工程"的认识、态度和立场。

第一，要弄清楚因何而"名"。所谓"名"，是指知名、著名。校长有名，实指校长声望高、有影响力。在现实中，名校长包括两层含义：一是名校的校长；二是知名或著名的校长。二者往往又是可以转化的。校长先担任名校的校长，再在办学上有所动作和贡献，使自己成为知名或著名的校长；也可以是知名或著名的校长执掌一所学校，把学校办成名校，使自己成为名校的校长。学术界给出了很多关于名校长的定义和主要特征，但从总体上看不外乎三个方面：一是办学成功，二是思想定型，三是影响力大。"甬派教育管理名家培养工程"的培养对象都或多或少地具备这三个方面的特征。

我一直认为，名校长是一个发展性的概念。任何事物的发展都是由量变到质变的过程。一位校长的成功与成名也是一个积累和发展的过程，不可能一夜成名。任何一位名校长，都是其办学思想和办学业绩得到广泛认可后才逐渐成名的。教育行政部门对名校长的认定只是一种形式。从根本上讲，名校长不是自封的，也不是任命的，而是社会公认的。名校长在被教育行政部门认定之前就已经在教育界和社会上具有一定的名望。名校长的"名"应是一种社会影响和社会认可。引导和鼓励校长成为名校长，可以使校长有更高的追求和境界，从而把学校办得更好。

第二，名校长要擅长"明"。一位优秀的校长必须有独具特色的教育思想并身体力行。苏霍姆林斯基根据自己多年从事校长工作的实践经验，提出领导学校，首先是教育思想的领导，其次才是行政上的领导。这是一个十分重要的观点，也是校长管理学校的客观规律。教育家是实践家，衡量教育家的首要标准就是他们在教育实践工作中的成绩：或育才有方，或治校有方、成绩突出。名校长都是成功的校长，是治校有方、办学成绩突出的校长，理应被称为教育家。教育家要有自己的办学思想，甚至有的教育家还创立了新的教育理论。他们都必须亲身从事教育实践，把办学思想和新的教育理论用于教育实践并且取得显著的成效，否则就不能被称为教育家。这是所有想成为名家的校长们必须懂得的道理。

"明"就是要明理。明理是读书人要达到一种通达慧明、明晓事理的境界。名校长要明以下三方面的理。一是教育之理，说的是教育的本质特征。《说文解字》对"教育"之理讲解得非常精辟："教，上所施下所效也""育，养子使作善也"。这两句话表明育人是教育的本质。二是办学之理。办学是有规律可循的。办学规律及其衍生出来的运行体系、体制和机制等，都是办学之理。三是育人之理。弄清楚"培养什么人"的问题，这是教育的首要问题，同时还要弄清楚"怎样培养人""为谁培养人"等问题。这三个问题构成育人的有机整体，不可分割，只有如此才能培育和造就全面发展的人。名校长还要善于捕捉代表时代发展和前进方向的新思想、新观念，善于用批判的眼光、理性的思维去分析教育的问题，对自我教育行为进行反思，不断深化对教育的规律性认识。

第三，名校长要善于"鸣"。鸣，就是发出声音。意思就是，名校长要善于表达，善于发表自己的意见和主张，引导舆论，营造氛围。"千线万线，只有一个针眼穿。"千线万线指的是各种各样的政策、理论、理念和方法；这个针眼是指学校实践，任何政策、理论、理念和方法都要通过学校实践来落地实现。当下，名校长必须把以下问题的落实和解决作为己任，下足功夫，写好文章。一是全面贯彻党的教育方针，建立健全立德树人教育机制，大力发展素质教育，着力培养学生的社会责任感、创新精神和实践能力。二是深化教育教学改革，不断推进课程改革，优化教学方式，探索因材施教的路径、机制和策略，创建适合学生发展的教育体系。三是注重理论与实践的结合。校长要用科学的理论指导教育教学实践，要通过实践总结创造出新的科学理论，从而再用新的理论去指导新的实践，提高办学育人水平；同时，还要结合时代和教育的发展，不断融入新的元素，寻找新的增长点，实现发展目标。四是善于传播先进的教育思想理念，既能用自己先进的教育思想和教育价值去影响教师和改造教师，促进教师教育观念和教学行为自觉地转变，又能科学引导家长和社会树立正确的教育观、育人观，努力营造良好的教育生态环境。

陈如平
2020 年 9 月

在自主中实现自觉

彭钢

2018年9月7日上午8点多，我再次出现在宁波市海曙区古林镇中学校园，准备与我的两位校长"学生"讨论他们的书稿框架，其中一位是古林镇中学校长许鹏浩。讨论一开始，我就先说了我的想法，其中包括定位、名称、主题、结构、写法等。我知道我的要求越明确，他们的起步就越容易，写作时心中也就越有数，今后也会少走一点弯路。

许鹏浩已做了多年校长，属于年轻有为、奋发向上、追求卓越的类型。接触一段时间后，我发现他有几个特点。一是相当活跃和活泼。在一年前的开班仪式上，他现场建了个"彭钢带徒工作群"，把我和另外两位校长都拉入群中，以方便交流。我们在一起讨论问题，他就"师傅""师傅"地叫个不停。他提问最多，反应最快，联想最丰富，表现最积极。二是乐于接受新事物、新观念、新潮流，并能很快形成自己的想法，点子特别多，创意也不少。三是即时行动的能力较强，想到要做什么，毫不犹豫立即付诸实施，保持着年轻校长的冲劲和闯劲。想要做课程，一下就整出一个"G立方"课程①；想要学生读书，就在校园里搞出一个"悦读时光"；想运用现代技术，就立马加入一个未来学校行动计划……显然，他正处于校长成长的"扩张期"，把速度加得很快，想实现的目标很多，要做的事情不断。

许鹏浩很快成为我重点关注的对象。每当他抛出自认为还不错的东

---

① 我们把拓展性课程又称"G立方"课程，内含"笃学课程""生涯课程""厚德课程"三大类校本课程。其中"G"指古林镇中学拼音首字母为G，英文首字母为G的"grow up"中文意思是"成长"。所以，"G"寓意课改从学校实际出发，最终让学生的生命立方自主成长。其中"笃学课程、生涯课程"是立方体的"长度与宽度"，"厚德课程"是前两大课程积淀起来的自主"高度"，又是在内化后借助前两大课程显性呈现的自主状态。

西时，我总要"批评"几句，泼点"冷水"，以便让他学会更冷静、从容、优雅。他是典型的"愈挫愈勇"型校长，会去不断完善他的设想和做法，但决不会畏惧和退缩。他就任后建构了古林镇中学的学校课程体系。原本他打算以"真善美"为主线去建构课程，经过多次的交流和讨论，他调整了策略，以"真善美"为课程理念，以"厚德、笃学、生涯"为主线，进行了重构。这让我不得不欣赏他的顽强和坚持。

其实在讨论他的专著框架前，我仍然隐约有一种担忧：担心他抛出一个宏大的框架，企图把专著写成一种宏大叙事。但这样的事并没有发生。他非常聪明地选择了主攻一个方向，即"教学"，并顺利地完成了专著的写作。关于他的这部著作，我最想说的是他通过对自主学习的研究和自主课堂的建构，实现了成长的自觉。

我想表明以下三个观点。

首先，好校长解决问题的方式是面向现实、面向问题，以解决现实问题为主线和主导，因而有助于解决现实问题的办法才是好办法，有助于解决现实问题的理念才是好理念，而不是越新越好，越难越好，做的人越多越好。显然，研究教学可以有很多选题和选项。从学术的视角看，"自主学习"和"自主课堂"不是一个前沿性的选题，也不是一个容易出新观点、新成果的选题，因为最近三十年这方面的理论研究、实验研究和改革实践实在是太多了。但毫无疑问，这个选题有助于解决许鹏浩面临的现实问题，即通过对自主学习和自主课堂的研究，培养乡镇学生自主学习的意识，提高乡镇教师研究教学、研究课堂的能力，从而持续提升乡镇初中的教育教学质量。根据古林镇中学最近几年中考成绩名列区域前茅的事实，我们可以断定，许鹏浩的选择是正确的。因为他是通过教学改革和教学研究提升教学质量的，他是通过激发人的自主性、积极性和创造性来提高教学质量的。

其次，好的校长善于从学习和研究中找到规律和原理，从而实现超越个体经验和具体实践的理性自觉。英文 study 既有"研究"的意思，也有"学习"的意思。所谓学术，就是在研究中学习，通过学习进入研究，研究和学习是一体的。许鹏浩的这本专著是典型的学习加研究的产物，通过对自主学习的现状研究、自主学习和自主课堂的文献研究及理论描述、我国改革开放后教育发展的宏观背景、课程改革和教学改革的主流趋势、学生成长和发展的时代特点等进行分析和把握，基本解决了"是什么""为什么"的问题。例如，围绕"自主学习"，他研究了杜威、布鲁纳、班杜拉的观点，研究了孔子、孟子、朱熹、蔡元培、叶澜等人的观点，并试图用自己的话来概括和总结他人的观点，这就是学习与研究的一体化。在对自主课堂的文献和理论进行研究的过程中，他系统梳理了自20世纪末以来与自主课堂相关的理论和实践研究，其中包括全国有影响的段力佩、魏书生、江苏洋思中学的教学改革实验，并试图进行"分类学"的概括(当然分类的依据可以讨论)。在这一过程中，他有了自己的发言权，开始形成自己的认识和理解，并将其试图上升到教学哲学的高度，思考"教与学""自主与合作""对话与倾听"的辩证关系。许鹏浩一心想做一位科研型的校长，很自豪自己创造了一种学校教育科研的氛围，成功申报了全国教育科学规划办的课题，推动了教师进行教学研究和教育研究。无论是什么样的科研，都需要理论和理性，形成和造就的就是理性自觉。这样一种理性自觉能够有效地改造实践，使实践具有符合理性要求的目的性、计划性、系统性和原理性，从而使实践取得成功。如果这样的理性自觉能贯穿他今后的全部教育实践的话，那么他一定能够成长为专家型名校长。

最后，好的校长很明确学校发展各个阶段的实践重点所在，并围绕重点进行学校各方面工作的整体设计和全盘建构。这也是我们经常说的"实践自觉"。这本专著的重点是自主课堂的实践建构，因而许鹏浩用了四章(三分之二)的内容突出这一实践建构的重点。从实践的角度看，教师最感兴趣的就是自主课堂的操作样式与流程、自主课堂的教师行为与操作策略、各学科实践操作样式的典型案例。本专著中提供的课例和案例及其片段都是学校教师结合教学实践自主创造的。他参与了全部的磨课和研发过程，提供了研发的思想和设计。有了这样的校本化实践，古林镇中学关于"自主课堂"就有了自己的发言权和话语权。从校长的角度看，他需要做两件事情：一是明确地将"自主学习"和"自主课堂"纳入学校"自我教育"的体系，从而与学校其他方面的工作形成一致，实现学校文化传承基础上的创新；二是重建支持和服务"自主学习"和"自主课堂"的学校制度和文化系统，从而把教学和课堂领域的研究扩展到学校层面，以引领学校的整体改革，这就是最后一章"自主课堂的文化平台建设"的重要价值所在。许鹏浩将学校"自我教育"的传统和特色延伸到学习、教学领域，实现了自我教育的深化和细化；同时以"自主课堂"为核心，重建学校"自我教育"的课程、管理、平台和文化，拓展了"自我教育"的广度。

我在网上看到过许鹏浩讲课的一个PPT——"漫谈校长课程领导力"，我笑了。我相信他不久会在此基础上"演化"出一个新的PPT，叫作"校长课程领导力的系统建构"，是系统而不是"漫谈"。

（作者为国家督学，江苏省教育学会副会长，江苏省教育科学研究院研究员）

目 录
CONTENTS

第一章
对自主学习的认识

　　随着知识的迅猛发展和经济全球化进程的日益加快,我们进入了一个必须主动、持续、开放学习的新时代。未来的学习形态更为灵活多元,教师主控的学习方式将逐步减少,更多的学习将由学生自己来承担完成,这就意味着我们需要培养学生自主学习的能力。

　　自主学习的概念最初是由美国心理学家班杜拉于20世纪70年代提出来的。随着我国基础教育课程改革的推进,学生自主、合作、探究的学习方式已成为课程改革的一个重要目标追求。自主学习强调基于学生个体学情下独立、自觉、自我负责的学习,强调主动探究、合作对话的知识重构,强调对学习进行自我调节、自我评价的自我管理,与被动学习相对;合作学习强调以学习小组为依托、以小组分工与协作为特征进行学习,突出协作、分享精神,与独立学习相对;探究学习强调以问题为依托,在探究、发现中获得知识与技能,培养学生探究未知的能力,与接受学习相对。[①] 虽然新课程提倡的三种学习方式(自

---

　　① 参见庞维国:《自主学习:学与教的原理和策略》,10页,上海,华东师范大学出版社,2003。

主学习、合作学习、探究学习)的侧重点各有不同，但合作是学生自主学习后对解决困惑的形式，探究是学生自主学习后的深入研究，这些都以自主学习为基础，以实现学生成为主动学习者的教育追求为目标。

自主学习的方式受到了教育者的高度重视。中国许多教育者试图通过对学生的自主学习方式进行研究，融合合作、探究的学习方式，在课堂教学中加以采用，让学生在自主学习时对产生的问题自己开展探究性学习。如果个体探究解决不了问题，那么开展小组合作，直至问题得到解决，以保证学生学习的主动性和自觉性，从而使学生学会学习，成为学习的主人，促进学生的全面发展。

但是，综观学生学习现状，学生的学习自主能力还远远不够，自主学习的课堂气氛和社会氛围远没有形成。原因很复杂，也很多。面对未来社会的不确定性，学生必须具备学习的自主性，以适应未来社会发展的需要。自主学习不仅有利于学生提高学习成绩，而且是学生终身学习和发展的基础。

第一节

自主学习的含义及特征

一、自主学习的含义 >>>>>>>

"自主"一词在《现代汉语词典》里是"自己做主"的意思，也就是说，自己主动，遇事有主见，能自控自己的行为，拥有自为能力。推而言之，自主学习就是学生主动、自觉、独立地学习，是学生充分发挥自身主观能动性的一种学习方式。它强调学生是学习的主体，体现现代教育"以学生为中心"的价值观念。自主学习又区别于独学或自学，因为它还需要与同伴交流、对话，需要教师的引导、帮助。

在自主学习中，学生的学习动机是自我驱动的，学习内容是自己选择的，学习策略是自主调节的，学习时间是自我计划和管理的。学生能够主动营造有利于学习的物质和社会条件；能够对学习结果做出自我判断和评价；能够自己确定学习的目标、计划，并在学习过程中进行自我监控、反馈、调节，在学习后进行自我检查、总结、评价和补救。① 这是建立在自我意识发展基础上的"能学"，建立在内在学习动机上的"想学"，建立在掌握一定学习策略上的"会学"，建立在一直努力基础上的"坚持学"，建立在学习体验过程中的"乐学"。②

因此，所谓自主学习，其实就是学生在教师的有效引领下，围绕个

---

① 参见庞维国：《自主学习：学与教的原理和策略》，4 页，上海，华东师范大学出版社，2003。

② 参见李晓华、何巧艳：《导向型自主学习的基本原理与教学策略》，47 页，西安，陕西师范大学出版社，2009。

体选择的学习目标或困惑问题，主动开展探索、思考、对话、实践，并在自我反思与评价中进行学习策略的自我调节，在发挥自身主动性、积极性、创造性的过程中成为学习的自主者、认知的建构者、发展的主体。

我在教台湾作家黄飞的小说《甜甜的泥土》时，先让学生自己根据预习单与教材独自对话，在完成预习单后让学生自己提出疑惑。

《甜甜的泥土》预习单

1. 请复述一下小说的故事情节。

2. 整个小说的故事情节都是围绕什么来展开的？

3. 整个奶糖故事中，主人公是谁？

4. 你觉得王小亮是一个怎样的人？（学法提示：可以从用词、情节、心理、动作、侧面描写等方面品味）

5. 作者在小说中想表达什么？

6. 你读了小说后，还有什么疑问？请至少写出两点。（会发现问题更重要）

在独立阅读后，大多数学生都很感兴趣地关注到了王小亮的一个细节——"笑"。在预习单中大多数学生写出了疑惑：文章最后糖都融化了，为何王小亮抠起泥土放到舌尖后又笑了呢？

教师针对绝大多数学生的兴趣点及疑惑点，围绕学生自己选择的教学内容，设计了一个主问题——"通过'笑'这个细节，我们来感受王小亮'笑'背后的内心情感"。让学生尽情展开讨论，在四人小组内与组间展示中解决疑惑。教师仅仅点拨引导一下。这节课的学习内容是学生自己选择的，小组合作对话的学习策略是自己确定的，讨论时间是学生自己根据讨论需要控制的。学生对讨论结果进行相互质疑，做出自我判断和评价，并在讨论中调节对话策略，实现自我修正的意义重构。这样的学习才是真正意义上的自主学习。

许鹏浩教师《甜甜的泥土》教学设计片段

从大家做的预习单中可以看出，大家对母亲这一人物比较了解，对王小亮这个人提出了许多困惑。那么，今天我们就重点来研究主人公王小亮这个人。

阅读小说，我们应从人物的细微处去触摸人物的灵魂，从而真正走进人物的内心世界。

许多同学都关注到了王小亮的一个细节——"笑"，在预习单的质疑问难中写着：文章最后糖都融化了，为何王小亮抠起泥土放到舌尖后又笑了呢？

请同学们齐读最后两段，然后合作探究：通过"笑"这个细节，我们能感受到王小亮"笑"背后怎样的内心情感。

板书：细节　笑

"他，又_____笑了：那泥土，甜丝丝的。"

要求：1. 请在"笑"前面加一个表现王小亮当时内心情感的词语，并结合全文语句说说原因。

2. 学生先独学2分钟，然后以小组为单位交流4分钟，最后组间展示对话质疑。

学生小组展示时教师追问预设。

1. 王小亮视角——开心、欣喜、快乐……

(1)追问：王小亮为何"开心、欣喜、快乐"？

(品到了泥土的甜味，品到了那份心中一直渴望的、失而复得的母爱，品味到了老师和同学的爱)

(2)追问：为何王小亮会如此珍惜这份母爱呢？请探究"笑"背后更深处的原因。

母亲对比：

继母的冷酷："嘀咕"是什么意思，能否改为"说"？——贬义，对继母的讨厌。

生母的关爱：A. 三个"没有"——学生读一读，读出感情(急切—失落)。

B. 为何答非所问？(母亲心里老想着儿子的生日，脱口而出；因种种原因，生母好久不见儿子，王小亮难以享受生母的爱，可见其对生母的爱的渴望)

板书：对比

(3)追问：难道从王小亮笑声里感受到的仅仅是母爱吗？

"老师悄悄地背过了身……"，说说假如你来当老师，当时背过身时心里是怎么想的。

板书：留白

教师小结：走进王小亮的内心，我们看到，爱的缺失、家的冷酷让王小亮更加渴望拥有来自生母、学校的关爱。这份失而复得的爱让他感受到了人生的甜美，因此他才会更加珍惜，才会开心地"笑"出来。

板书：渴望

2.读者视角——伤心、苦涩、心酸……

学生小组展示时教师追问预设。

面对这个连生母的爱都难以享受的八岁小孩，作为读者的你，看到他的这种笑容时，心里是什么滋味？（找出王小亮让你感到心酸的语句进行对话）

（1）生活上的心酸："照例、全家的""他快活地叫着、跳着，连那只张了嘴的破鞋都甩掉了。"（艰辛生活背后的心酸、快活生活背后的心酸）

（2）精神上的心酸："悄悄溜"（怕挨打骂而产生恐惧心理的心酸），"好久没尝到过了""来回蹭着"（母爱缺失下精神的心酸）。

教师小结：我们感受到了由于爱的缺失导致的王小亮在生活上、精神上的心酸。王小亮在品泥土甜味时的笑是一种含着眼泪、令人心酸的笑，也是令读者感到心酸的笑。

板书：心酸

教师总结：生活在离异家庭的王小亮，内心渴望被关爱，但在家里得不到关爱，甚至连爱他的生母的爱也好久不曾享受了，只能在生母送的奶糖融化时用手指抠起泥土来品尝那份爱。王小亮笑的细微处令我们感到心酸、心痛。这部小说真是一部"人间悲剧"。

二、自主学习的特征 >>>>>>>

自主学习是以学为中心，通过学生独学、分析、对话、质疑等方法来实现学习目标的。自主学习这一范畴本身就昭示着学习是学习主体自己的事情，体现着学习主体具有的能动品质。学习是自主的学习，自主是学习的本质，自主性是学习的本质属性。

自主学习具体表现为独立、自为、自律三个特性，这三个特性构成了自主学习的三大基本特征。

(一)独立性

自主学习是基于每个学习者独立基础上的学习。每个学习者都是一个相对独立的个体，因家庭背景、生活阅历、兴趣爱好、文化水平等不同，有独特的分析、思考方式。任何人不能代替，也不可替代。尤其到了初中阶段，学生的独立意识开始觉醒。他们想在学习的各个方面和整个过程中尽可能摆脱对教师或他人的依赖，独立开展学习活动，依靠自己来解决学习过程中的困惑与问题，按照自己的思维做出选择，从而获取知识。可见，独立性是初中学生自主学习的基础和前提，是学习者内在的本质特性，是学习者普遍具有的，并且贯穿于学习过程的始终。

（二）自为性

自主学习有别于他主学习，是学生积极、主动、自觉地探索的学习活动，其本质是学习主体自我探索、选择、建构、创造知识的过程。学习者基于好奇心，对事物、问题、文本等进行自我求索。在自我探索过程中，当学习内容与自身内在需求相一致时，学习者开始关注该学习内容，并进行取舍。学习者基于自身的经验和认知结构，对选择的学习内容进行思维加工，实现新旧知识的同化、顺应，使原有知识得到充实、整合、升华，从而在学习过程中实现知识的自我建构。学习者在知识建构的基础上进行创造性思维，进而创造出能够指导实践并满足自己需求的策略与方法。从这个意义上说，自为性学习本质上就是学习者自我生成、发展知识的过程。当然，自为学习并非独自学习，可以在自我学习的过程中主动寻求合作、对话，在共同合作、探究中实现自为学习。

（三）自律性

为有效保证自主学习的展开，学习者对自己的学习进行自我约束或规范，实现自觉学习。这种自觉具体有三层含义：第一，自觉约束，学习者按照学习要求、目的、目标等，主动、积极地学习，促使自己不断进取，将主动学习内化为一种自觉意识，形成一种规范自己的自觉学习行为；第二，自觉调控，在学习过程中，学习者根据学习内容不断自我反思，调整学习策略，实现自我管理；第三，自觉激励，学习者有较强的责任感、向上的动机和自我激励的调控力，能在自身探索、建构、创造知识时确保积极主动的学习状态。

综上所述，自主学习就是学习主体独立、自为、自律的学习，其中独立是学习行为的内在基础和动力，自为涉及学习行为的实施方式和过程，自律是学习行为的条件和保证。独立和自律是自为的必要前提，自为是独立和自律作用下的集中反映。三者互为因果，相互支持。[1] 这三个特性都说明了同一思想：学习归根结底是由学习者自己主导和完成的。这一思想对变革不合理的教学模式，探索并创立崭新的教学手段、操作样式无疑具有特别重要的现实功能和意义。

初中自主课堂建设的思与行

---

[1]　参见郁晓华：《个人学习环境中的自主学习：转变与实现》，10 页，天津，南开大学出版社，2013。

第二节

自主学习研究追溯

古今中外，许多思想家和教育家都从不同角度提出过自主学习的思想主张。因此，在培养学生的自主学习能力时，还应该追根溯源，回顾与剖析自主学习研究的中外历史，并深入理解其发展的理论基础，从而为当今推进教育改革带来启发与思考。

一、外国自主学习追溯 >>>>>>>

西方自主学习研究可以追溯到古希腊时期，迄今已有两千多年的历史。古希腊时期的苏格拉底可谓自主学习的提出者。他提出"产婆术"，希望通过交谈和讨论唤醒学生的自主意识，从而发现真理。这种方法不是教以现成的答案，而是在不断地揭露学生思想矛盾的过程中，使学生不断深化认识，从而学会思考，学会正确地求得知识。苏格拉底的自主学习思想为柏拉图和亚里士多德所继承。柏拉图认为，教只能起到推动的作用，学生要自己去找到必须被认识的东西，侧重强调自我检定、自我反思；亚里士多德侧重强调学生在读书过程中的自我监控和自我调节。人文主义思想家蒙田提出，学生要学会独立思考，不要只学书本知识；教师要培养学生的好奇心和对学习的兴趣。存在主义教育思想家雅斯贝尔斯认为，教育就是要培养学生的学习主动性，发展学生的理解力和思考力，让学生从"要我学"变成"我要学"。美国学者爱德加·戴尔于1946年提出了"学习金字塔"理论，要进行"读、听、看——讨论、讲"。下面列举几种比较典型的有关自主学习的有代表性的理论。

（一）杜威的"做中学"儿童中心说

杜威认为，传统的教学方法是一种典型的以教师、教材、教室为中心的教学方法，其目的在于使儿童获取知识。儿童处于消极、被动的地位，兴趣、爱好受到剥夺和压制，能力发展与主动性受到束缚。他所要做的变革就是变教师讲授、学生静听的教学方式为师生共同活动、共同分享经验的教学方式。他提出倡导思维能力培养和"做中学"的方法。他认为，教学应该按照儿童的思维过程进行，要给学生更多进行独立活动和思考的机会，要按照儿童思维发展的脉络和特点安排教学内容，展开教学过程。教育应该以儿童为中心，教师的教应该围绕儿童的学来进行，而不是让儿童的学围绕教师的教进行。[①] 在强调"儿童中心"思想的同时，杜威并不同意教师采取"放手"的政策。他认为，教师如果对儿童采取放任的态度，那么实际上就是放弃他们的指导责任。[②] 在他看来，教师不仅应该给儿童提供生长的适当机会和条件，而且应该观察儿童的生长并给予真正的引导。课堂教学应基于学情，通过教师引领，在师生共同对话交流中进行。

（二）布鲁纳的发现学习

布鲁纳认为，学习不仅是"学会什么"，而且是"学会如何学习"。学习的过程其实就是一个探索知识的过程。在布鲁纳看来，发现学习就是在一定条件下引导学生从所见事物的表面现象去探索具有规律性的潜在结构的一种学习途径。他还提出了促进发现学习的方法。一是鼓励学生积极思考和探索。学生是发现学习的主体，教师应鼓励学生相信并依靠"自己的头脑"去思考、发现和解决问题。二是激发学生学习的内在动机。教师应启发学生把学习与生活联系起来，自主地学习，逐步培养和形成学习的行为和习惯。三是注意新旧知识的相容性。教师应创造学习情境，引导学生在发现新旧知识的内在联系中重构知识。四是培养学生发现的技能。教师应引导学生对所学知识进行有效的组织，运用所学知识解决问题，以提高学生

---

① 参见庞维国：《自主学习：学与教的原理和策略》，28 页，上海，华东师范大学出版社，2003。

② 参见单中惠：《外国教育思想史》，200 页，北京，高等教育出版社，2000。

的思维能力。实践发现学习，其实也是自主学习的体现。[1]

(三)班杜拉的行为学习的自我调节模式

社会认知理论的代表班杜拉及其弟子认为，人具有自我定向的能力，能够通过自己预设的目标，采取"自我观察、自我判断、自我反应"的自我调节措施，对自己的思想、情感和行为施加某些控制，在应用元认知策略中激发自我学习动机，形成自主学习能力。

综上所述，西方教育家们有一个共同的思想，那就是学生是学习的主体；学习是一种知识建构的过程，而不是对知识的记载和吸收。自主学习是在自主思考、讨论、实践、调节中主动学习，教师对学生学习进行积极引导，这理当成为今天教学乃至明天课堂的文化共识。

二、中国自主学习追溯 >>>>>>>

与国外相比，我国的自主学习研究有着更为悠久的历史，可以追溯到先秦时期。

孔子主张："知之者不如好之者，好之者不如乐之者。"孔子所提倡的乐勉结合，就是要求在教学中把快乐的情感、稳定的兴趣与持久的恒心结合起来，乐而有勉，勉而有乐，从而使学生形成强大的学习动力。他在强调学与问结合的同时，还强调"学而不思则罔，思而不学则殆"的学思并重思想，要求学生在独思、反思中建构知识。孟子偏向于内省，提出"反求诸己"，明确自我反省、自我监督、自我评价的重要性。《学记》中的"知不足，然后能自反也"，充分说明自主学习离不开元认知的参与。"独学而无友，则孤陋而寡闻"说明了自主学习中与他人切磋、对话的重要性。朱熹很重视学习的主动性，认为学习是自己的事情，是别人不能代替的。他说："指引者，师之功也。"教师仅是一个"引路人"，通过积极启发学生来调动学生的积极主动性。蔡元培提倡"重启发学生，使能自动研究"的教育方法，使学生能够做到"自动""自学""自觉"。叶澜提出的"新基础教育"理念重视主动与互动，强调师生双方生命价值的实现；注重学生发展的潜在性、主动性和差异性；要求教师在教育中尽最大可能

---

[1] 参见单中惠:《外国教育思想史》，277页，北京，高等教育出版社，2000。

努力调动学生积极性，让学生逐渐成为发展的主人，从而培养学生自主学习的能力。

下面列举我国古代教育中几个典型的自主学习教学原则与方法。

（一）愤启悱发

愤启悱发原则又称启发式教学原则，是指在教学过程中要注意调动学生的主动性和积极性，激发学生的思维，使他们融会贯通地掌握知识并发展智力。孔子曾说过："不愤不启，不悱不发。"意思是说，教学过程中，不到学生想求明白而不得的时候，不要去开导他；不到学生想说出来却说不出的时候，不要去启发他。这充分体现了学生自主学习的理念。王夫之也阐述过这个原则："若教则不愤而启，不悱而发，喋喋然徒劳而无益也。"如果没有学生的"真心内动"，学生还处于未愤、未悱的状态，那么教师不管怎么讲解，也难以引起学生共鸣，最终导致劳无功。

愤启悱发原则所包含的教学方法有许多，如《学记》中写道："故君子之教，喻也：道（导）而弗牵，强而弗抑，开而弗达。道而弗牵则和，强而弗抑则易，开而弗达则思。和易以思，可谓善喻矣。"意思是说：君子的教育方法，是善于启发诱导：引导学生而不硬拉着学生走，严格要求学生而不强迫学生前进，开导学生而不给予答案。引导学生而不硬拉着学生走，师生关系就和顺；严格要求学生而不强迫学生前进，学生学起来就轻松愉快，不会到困难；开导学生而不给予答案，就能使学生独立钻研。愤启悱发原则实际上已初步提示出教学过程中教师的主导作用与学生的主动学习相结合的规律。①

（二）自求自得

中国古代教育家认为，在教学中，必须发挥学生的主动性和积极性。只有自求才会自得，才会兴趣盎然，才会在意义建构中巩固所学，才能学有所获。正如孟子所说："君子深造之以道，欲其自得之也。自得之，则居之安；居之安，则资之深；资之深，则取之左右逢其缘，故君子欲其自得之也。"孟子认为，学生要想真正地依照正确的方法取得高深的造

---

① 参见朱永新：《中国古代教育思想史》，169页，北京，中国人民大学出版社，2012。

诣，就必须积极主动地学习。这样才能将所得到的知识融会贯通，运用起来才能得心应手，左右逢源。①

(三)教学相长

著名教育史家毛礼锐先生认为，教学相长这条教学原则，外国的教学论中不曾提过，可以说是儒家教学理论的独创，是很可贵的。教与学既是矛盾的，又是相辅相成的。学需要教，不教则学不到知识。教不但需要教师自己学，而且要向学生学，并反过来引导学生学。这观点明确了在自主学习中教师指导的重要性，以及教师指导必须建立在学生自主学习的基础上。教学相长的原则和方法是指在教学过程中，师生双方共同活动，互学互促，在平等对话中获得知识。②

三、自主学习的理论基础 >>>>>>>>

自主学习理论对我们认识课堂教学改革有极其重要的意义。通过学习理论，教师可以更加深入地把握课程改革的核心及方向，用理论指导课堂教学的行为与实践。下面从五个方面阐述自主学习的理论基础。

(一)马克思主义的唯物辩证观

唯物辩证法认为，"事物发展的根本原因，不是在事物的外部，而是在事物的内部，在于事物内部的矛盾性"；"事物内部的这种矛盾是事物发展的根本原因，一事物和他事物的互相联系和互相影响则是事物发展的第二位原因"。事物的变化发展是内因和外因共同作用的结果，内因是事物变化发展的根据，外因是事物变化发展的条件，外因通过内因起作用。③ 自主学习就是学生发挥主观能动性，充分利用教学环境来促进内因变化，实现双向共振，保证自主学习的有效性。这充分强调了学生的内部因素在教学活动中的重要作用。

---

① 参见朱永新：《中国古代教育思想史》，175 页，北京，中国人民大学出版社，2012。
② 参见朱永新：《中国古代教育思想史》，181 页，北京，中国人民大学出版社，2012。
③ 参见吴希红：《我要长成自己——初中生自主教育实践探索》，4 页，杭州，浙江大学出版社，2012。

(二)人本主义理论

罗杰斯认为:"没有人能教会人任何东西。"这就意味着学生获得知识最终不是依靠教,而是依靠学。人本主义强调人自身的情感和需要,主张学生应具有对自己学习活动的支配权和控制权,以民主、协商、合作的方式进行学习,学习内容必须符合学生自身的需要。[①] 主张以学生为中心的教学方法,认为教学活动的先决条件是树立以人为中心的教学观,置学生于教学主体的地位;教师与学生共同承担学习责任,教师仅是参与者、咨询者;教师鼓励学生对教师所教内容提出自己的想法;学生按自己的兴趣选择学习方向和程序;教师创设关心、理解、信任的氛围,激发学生自主学习,关注学习过程,把学习内容放在第二位,用学生的自律代替他律,让学生自己管理自己,自己约束自己,用学生自我评价代替外在评价。

(三)建构主义理论

建构主义的"学与教"理论强调学习不是学生简单被动地接收信息,而是学生结合自身知识经验,主动地对所学知识经验进行加工处理的过程。这种建构只能由学生自己发现、自主参与、主动建构才能完成,他人无法代替。因此,学习应以学生为中心,要求学生根据自己的经验对外部信息进行主动地选择、加工和处理,体现"情境""协作""会话"和"意义建构"四大属性,从而主动地建构意义,实现自主学习。建构主义教学观认为学生的学习是教师指导下以学生为主体的学习,强调尊重学生个人意见,充分发挥学生的主动性;要求学生能够主动收集并分析有关信息和资源,运用探索法、发现法去建构知识的意义。建构主义特别重视教学中师生、生生之间的社会性相互作用,因为每个学生都有自己的经验世界,都可以形成不同的推论,通过合作、交流、争辩和讨论可以相互了解彼此的见解,共同解决问题,实现知识的意义建构。建构主义指导下的教学组织形式有小组学习、协作学习等。

---

① 参见诸葛彪、董克发:《自主教学操作全手册》,4页,南京,江苏教育出版社,2010。

(四)学习共同体理论

佐藤学创建的"学习共同体"的改革哲学，由"公共性""民主主义""卓越性"三个原理组成。公共性是指教师的责任在于保障每个学生的学习权；民主主义是指每个人的学习权和尊严都应受到尊重，各种各样的思考方式与生活方式都应受到尊重；卓越性是指无论教师的"教"还是学生的"学"，都必须是卓越的。[①] 这三个原理充分体现了学习是每个人自己的事，每个人因环境不同而运用的不同学习方式是应得到认同的，因为学习具有自主性。

(五)新课程改革纲要的基本理念

《基础教育课程改革指导纲要(试行)》把"以人为本，促进个体的和谐发展"作为新课程改革的基本理念，提出"改变课程实施过于强调接受学习、死记硬背、机械训练的现状，倡导学生主动参与、乐于研究、勤于动手"。这一阐述体现了倡导学生自主学习的重要性，表达了基础教育课程改革对自主学习的迫切需求。在以学生为主体的课堂中，教师应该以课程标准为主线，以学生自主学习为主要形式，实现学生学习的自立、自为、自律。[②]

综上所述，自主学习的理论研究比较活跃，可谓异彩纷呈、百花齐放；但有一个共同的观点是，学习是由学生自己进行的，教学应体现以人为本，遵循学习规律，关注人的自主成长，激发学生的能动性、独立性，这样才能真正实现自主学习。

---

① 参见朱永新：《中国当代教育思想史》，255页，北京，中国人民大学出版社，2012。

② 参见朱亚红：《向着自主进发：自主教育的创新实施智慧》，13页，南京，江苏凤凰教育出版社，2014。

自主学习现状分析

《基础教育课程改革纲要(试行)》指出："教师在教学过程中应与学生积极互动、共同发展，要处理好传授知识与培养能力的关系，注重培养学生的独立性和自主性，引导学生质疑、调查、探究，在实践中学习，促进学生在教师指导下主动地、富有个性地学习。"

处于不同年龄阶段的学生，由于心理发展水平不同，因此具有的学习经验不同，自主学习呈现出不同的水平和特点。小学生的认知水平、自我发展水平还不高，自主学习带有明显的不成熟特点；初中阶段是学生自主学习能力发展的重要时期。自主学习能力并不是天生的，而是后天培养发展起来的。学生自主学习水平的高低与学习动机、学习策略、自我监控有关，由内因与外因共同决定。它受到自我效能感、归因、目标设置、认知策略、元认知水平、意志控制水平、性别角色等内部因素的影响，需要学生对自身认知、情感、动机、行为和环境等内部因素进行自我监控与调适；同时也受到学校、教师、家庭、文化等外部因素影响，需要外界创设一种良好的自主学习氛围，提供相应的支持策略、条件保障。同样是初中生，由于内部因素与外部因素不同，因此表现出来的自主学习能力也不同。

在现实中，初中生自主学习的意识和能力不容乐观。随着社会竞争的加剧，学生升学压力的增大，家长对教育的期望上升，学校仍较多地关注分数，学校、教师、家长对初中生的心理特点了解不够，以致初中生的自主学习能力还很不够。

一、问卷调查 >>>>>>>

　　海曙区古林镇中学借鉴华东师范大学庞维国教授的《中小学学生学习自主性量表》，从 113 道题中选择了 15 道题目，[①] 采取网上问卷调查的方式，于 2019 年 7 月中旬对全校学生进行问卷调查。问卷收回情况为：初一 162 份，初二 804 份，初三 685 份。以下是对学生问卷情况的汇总。

　　古中同学：

　　您好！这是一份关于您的学习和生活状况的调查表，每道题目描述的都是一种情境，请您根据自己的情况对照题目一一做出回答。本调查仅作科学研究使用，与您的学习和道德评价毫无关系，因此无须有任何顾虑，请如实作答。注意：本问卷调查只选择 A 或 B。谢谢您的合作！

表 1-1　古林镇中学学生学习自主性量表

题　目	选　项	初一所占 A 的比例	初二所占 A 的比例	初三所占 A 的比例
1. 感到自己的学习潜力很大。	A. 是　B. 否	53.7%	65.4%	63.5%
2. 课堂上若心情不好，便不再继续认真听讲。	A. 是　B. 否	13.6%	21.1%	26.9%
3. 如果老师不布置作业，就自己看书或找习题做。	A. 是　B. 否	70.4%	67.5%	64.7%
4. 在课堂上，主动举手回答老师的问题。	A. 是　B. 否	56.8%	48.8%	43.8%
5. 觉得自己学什么需要老师给指定。	A. 是　B. 否	34%	33.8%	38.8%
6. 自己制定学习时间表。	A. 是　B. 否	51.9%	55.2%	52.3%
7. 对于第二天要学习的内容，即使老师不要求，也会提前预习。	A. 是　B. 否	60.5%	50.2%	49.8%
8. 对课上学习的内容，课下及时复习。	A. 是　B. 否	45.1%	61%	60.2%
9. 把课本上的重点内容，用各种符号标出来。	A. 是　B. 否	85.8%	87.8%	91.4%

──────────

　　①　参见庞维国：《自主学习：学与教的原理和策略》，289 页，上海，华东师范大学出版社，2003。

题　目	选　项	初一所占A的比例	初二所占A的比例	初三所占A的比例
10. 常常归纳学习内容的要点，并想办法记住它。	A. 是　B. 否	47.5％	75.8％	73.4％
11. 一门课的成绩下降了，自己马上会分析原因。	A. 是　B. 否	61.1％	72.4％	75.2％
12. 考试成绩不好的时候，鼓励自己加倍努力。	A. 是　B. 否	77.8％	89.9％	85.1％
13. 想一想自己在某一时期的学习是否有进步。	A. 是　B. 否	73.5％	87.9％	87.6％
14. 向学习好的同学请教学习方法。	A. 是　B. 否	70.4％	80.9％	81.2％
15. 常因讨厌某学科任课老师而讨厌该学科。	A. 是　B. 否	6.2％	13.8％	16.1％

注：

学习动机：第1、3、4题

学习内容：第5题

学习时间：第6题

学习方法：第7、8、9、10题

学习过程：第2题

学习结果：第11、12、13题

学习环境：第14、15题

二、问题分析　>>>>>>>

通过对问卷情况的整理，现将古林镇中学学生自主学习存在的问题进行分析梳理。

第一，从纵向看，同一年级学生的不同自主学习能力存在明显差异。

初中生的学习动机开始增强，较为关注学习结果。学习环境对初中生影响还不是很大，向同伴学习请教的频率大大增加。由第9、10题可知，学生出于掌握知识的需要，对上课的学习方法较为关注。但在第1题"感到自己的学习潜力很大"的学习自我效能上，还有近36.5％的学生对自身缺乏信心；由第5题可知，在学习内容选择上，约有1/3的学生需要教师指定，初中生自主选择教学内容的意识、能力还不够；由第6题可知，在学习时间安排上，有近一半学生不会安排；由第7、8、9、

10题可知，在学习方法上，初中生在课上有自主学习的方法，但复习、预习意识明显偏弱。

第二，从横向看，不同年级的同一数据存在较大差异。

初一(其实是六年级毕业学生)与初二、初三明显不同。在第9题"把课本上的重点内容，用各种符号标出来"中，初中三年逐年上升，说明学生在初中阶段的自主学习能力在逐步提高；在第10题"常常归纳学习内容的要点，并想办法记住它"中，初二、初三学生比初一高了28%左右。由第11、12、13题的结果可知，随着中考临近，初二、初三对学习结果的关注程度超过初一。对于第3题"如果老师不布置作业，就自己看书或找习题做"和第4题"在课堂上，主动举手回答老师的问题"，以及第7题"对于第二天要学习的内容，即使老师不要求，也会提前预习"，初中三年逐年下降。这一结果与教师课堂上应试教学大有关系，与教师布置大量、重复的作业大有关系。学生自主学习空间大大压缩，学习兴趣减少，自主学习能力下降。由第15题"常因讨厌某老师而讨厌该学科"的结果可知，随着青春期的到来，自我意识的觉醒，初中三年数值逐年上升，说明学生对教师有了自我评价标准，需要教师改善师生关系，共建和谐、平等、民主的课堂氛围。

三、现象归因 >>>>>>>

(一)学生内因

从心理特点来看，初中生开始主动地为自己确定目标，并寻求相应的方法来完成任务。他们的自我意识逐渐增强，一改过去事事都依附教师和家长的心态，开始谋求自己的独立地位，希望教师和家长理解、尊重自己，并乐于与同龄人交流，寻找志趣相投的伙伴。他们的自我评价能力开始发展，逐渐摆脱对权威的依赖，谋求独立的自我评价。初中生的自控能力也明显增强，能较好地控制自己的行为；社交意识明显增强，同辈或者说是同学间的交往更为密切，更希望得到同龄人对自己的看法与评价。

初中生的心理特点正好体现在他们的自主学习上。他们能独立完成一些学习任务，能初步对自己的学习进行自我监控，反对教师、家长对他们严加管束。

尽管初中阶段是促进学生自主学习的大好时机，但是初中生心理发展还处于半幼稚、半成熟水平，处于自觉性和依赖性、主动性和被动性并存的阶段，导致自主学习能力欠缺，主要表现在以下三个方面。

1. 学习动机缺乏

随着初中学习内容的增加、学习难度的加深，许多初中生产生了畏难、厌学的情绪，导致他们学习目标丧失，学习兴趣难以被激发，对自己越来越没有自信，表现出一种消极的学习态度，尤其是自我效能感减弱。自我效能感是由班杜拉提出的，在这里是指学生在遇到困难时，相信自己能解决，并能坚持很长的时间。这一理论与美国提倡的"成长型思维"教育理念一致。拥有"成长型思维"的学生做事不易放弃，更能从做事过程中享受到乐趣，更容易寻求帮助，复原力(碰到逆境、创伤、悲剧、威胁或其他重大压力能很快调整恢复)更强，很快就能从失败中爬起来，不断地提高自己，潜力巨大。但是自我效能感缺乏的学生，拥有的是固定型思维。这种思维一方面影响着学生学习目标的设立，另一方面决定了学生对即将开始的学习任务的态度。自我效能感强的学生成功后，会将此归因为自己的努力与能力，激发了更强的学习动机。相反，自我效能感弱的学生成功后，觉得能力是天生的，后天无法改变，往往将成功归因于自己的运气。如果学习遇到挫折失败，他们更多地归因于教师的低效指导或是课程内容、试题难度等不合适，怀疑自己不具有这方面的天赋和能力，会不惜一切代价去避免尝试新的挑战，甚至产生恐惧、焦躁等各种消极情绪，根本不会想到是由自身努力或学习策略等内在因素造成的。

2. 缺乏自主学习的策略

初中生的自主学习策略发展并不完善，尤其是预习策略、复习策略、对知识的概括总结策略欠缺。他们自觉预习意识不强，预习方式单一，缺乏独立思考、比较思维、质疑问难，难以提出自己的想法及疑惑，预习效果差。在课堂教学中，他们处于被动状态，不会独立学习，不会通过合作、对话来解决问题，对教学内容缺乏自己的观点，缺乏主动思考，辩证思维和批判性思维还不成熟，缺乏意义重构能力；在小结时，大多数学生没有系统总结、整理所学内容的能力，学习效率低下；在复习中，缺乏独立归纳、梳理知识的能力，只是通过练习展开，对教师有依赖性。初中生在学习上的自觉性和主动性还不能保持持久，许多学生还离不开教师对他们的严格管理,在家里离不开父母的督促、帮助,自己管理自己的学习能力有限。他们难以持久完成制订的计划,自觉主动的学习决心往往经不起引诱和干扰。

3. 自我调节能力差

初中男生语文阅读的感悟能力不够,女生数学逻辑思维差。男女学生面临各自问题时,束手无策,针对自己学习中的不足,不能客观评价、分析,不会反思问题的根源,不会主动向学生请教,不会调节或改变学习计划和方式,不会主动地安排学习时间表,不会进行自我控制与监督,以致今天的错误成为明天的不足。

(二)环境外因

1. 学校教育外因

根据理论假设及学者的研究,人的自主学习水平理论上会随年龄的增长而提高。但从调查的几项指标数据看,初一之前学生自主学习水平较高,之后呈现下降趋势。究其原因,主要有传统课堂、教师理念、课程建设、学校评价因素的影响。

(1)传统课堂因素

传统的课堂教学以知识为中心,以教师为中心。课堂完全由教师主宰,忽视学生的认知主体作用。在应试教育思维下,传统课堂教学是一种以教师传授知识为中心的教学。教师对知识技能高度重视,看重学习成绩等学习结果,忽略过程与方法目标及情感态度和价值观目标;重理论轻实践,重理性轻感性,重结果轻过程;忽视学生的自主意识、创新精神的培养,忽视学生主体性作用,没有把学生当"人"来培养。这样的课堂教学导致学生处于一种被动的学习状态,使学生参与学习的积极性减弱,学习的自觉性得不到发挥,缺少反思性、批判性和建构性,缺乏合作、对话,不利于培养学生的创新思维和创新能力,阻碍了学生主动获取知识的能力,不能形成师生良性互动,使得学生自主学习水平逐步降低。

(2)教师理念因素

许多教师理念滞后,教学方式单一,强化教师权威,对学生缺乏民主、平等、尊重,以致在课堂上无法营造自主学习的氛围。教师在教学中无视学生学习的主动性和自觉性,绝对支配、控制学生的学。教师在这种教学观下，以"教"为核心，忽视"学"的作用；重视预设，忽视生成；自己决定教学的方向、内容、方法和组织，忽视学情和学生反思，把学生放于从属地位，导致两者错位。教师对学生严厉冷漠，缺乏关注；学生反感教师，失去学习该学科的兴趣。有些教师对自主学习认识不足，无法明确知识与能力的关系，对成绩缺乏深入理解，对长远的育人思想缺乏贯彻，总认为在中考成绩决定命运的初中阶段，教师就应多讲，学生就应多练，这样学生才能掌握知识，考出好分数，以致教学还停留在一张嘴、一支粉笔、一份试卷上。结果使学生产成错觉，认为读书是在为教师读；反正教师会讲，我就不用思考了，听、记就行。学生学习的自主性大打折扣。

(3)课程建设因素

芬兰国家教育署信息与分析部门主任克里斯蒂娜博士针对我国课程建设，用漫画的方式中肯而坦率地给予了提醒。

图 1-1　为公平选拔，请每个动物都参加同一个考试：爬树！

从漫画中可见，学校的课程建设严重缺乏选择性、个性。"我们教育最大的问题是'一刀切、同步走、标准化'，我们的教育带有'大工业生产'的深刻烙印，'中国式考试'正在把一批又一批个性各异的孩子塑造成统一的'合格'产品：没有突出的棱角，没有个性舒展的声音，更没有精彩纷呈的创新思维。"[①]学生无法自主选择自己喜欢的课程，课程内容没有按照学生的学习需求开设。在这种情况下何谈学生自主学习、自主发

---

① 沈茂德：《教育真的不能简单——一位校长的教育叙事》，496页，南京，南京师范大学出版社，2010。

初中自主课堂建设的思与行

展？同时，在区域评估期间，许多学校开设了非常多的拓展性课程；但观其课堂，课程的实施还是传统的教学方式，教师选定内容拓展，课程实施以传授为主，学生只是听、记、模仿，缺乏基于项目的合作对话，缺乏基于解决问题的自我探究，缺乏探究、创新的自主活动平台。五彩缤纷的拓展课程还是不能提升学生的自主学习能力。

(4)学校评价因素

目前一些义务教育学校育人观念落后，在浮躁、功利的教育环境下，评价唯分数论。对学生的评价，以单一的分数排名为重；对教师的评价，以学生成绩作为主要依据甚至是唯一依据。教师以学生成绩作为衡量自己教学水平的唯一标准，为了提高学生成绩，不得不让学生刷题。学生在教师的"帮助"下死记硬背，拼命苦读，不会独立思考，不会质疑反思，更不会自我调控，自主学习能力无从谈起。

2. 家庭育子外因

一些家长对独生子女的育子观有偏差，在生活上无限溺爱，不肯让孩子吃苦，只要孩子能学习，生活上一味地迁就，不让孩子做一点家务，满足孩子的所有生活欲望；在学习上，对成绩特别关注、焦虑，成天唠叨，让孩子对学习产生厌烦；对孩子的事情过问太多，不给孩子自由发挥的空间；对孩子的学习进度和内容进行严格的把控与督促，把孩子的周末、晚上都用来补课，一周甚至补五门课，让孩子深感学习的重大压力和自由空间的狭小，阻碍了孩子的自主成长。许多家长在兴趣发展上包办，以自己的想法及兴趣导向来要求孩子，以致孩子不知自己今后需要什么。当孩子与同伴、教师发生冲突时，为了不让孩子吃一点亏，家长主动介入冲突，造成孩子人际关系紧张，处理问题能力缺乏，甚至与孩子一起反感学校、教师、同学。

综上所述，影响学生自主学习的因素有许多，但这些因素之间并非是孤立的，一种因素对自主学习的影响往往以另一种因素为中介，而且它们与学习行为之间的关系往往是双向的。因此，作为教育工作者，在改革课堂教学时应充分考虑这些制约因素的共振作用，使自主学习真正在课堂中实现。

自主学习的必要性

　　早在 1972 年 5 月，联合国教科文组织即在《学会生存——教育世界的今天和明天》一书中提出："在未来的社会里，文盲将不是指不识字的人，而是指那些没有学会怎样学习的人。现代教育对受教育者的要求已经不仅是学到什么，而更主要的是学会怎样学习。"社会的飞速发展使科技越来越先进，知识更新加速。未来社会的不确定性越来越明显，频繁跳槽将成为未来时代职业选择的一种新常态。许多职业将在 20 年后消失，现有的知识已无法应对未来的社会。如不自主发展，以后就业就越来越难。为应对未来社会发展的挑战，每个人都在自觉或不自觉地转变成为终身学习者。这个时代对于人才培养的要求也特别强调自主性、适应性、创新性、合作性和终身性。由此可见，自主学习已经成为 21 世纪的一种必备学习方式，教会学生如何学习并让他们主动地进行学习，是 21 世纪社会的教育宗旨所在，更是国家发展、学生成长的根本。

一、国家发展的需要 >>>>>>>

　　习近平总书记在 2018 年全国教育大会上强调："新时代新形势，改革开放和社会主义现代化建设、促进人的全面发展和社会全面进步对教育和学习提出了新的更高的要求。我们要抓住机遇、超前布局，以更高远的历史站位、更宽广的国际视野、更深邃的战略眼光，对加快推进教育现代化、建设教育强国作出总体部署和战略设计，坚持把优先发展教育事业作为推动党和国家各项事业发展的重要先手棋，不断使教育同党和国家事业发展要求相适应、同人民群众期待相契合、同我国综合国力和国际地位相匹配。"这一番话明确指出了教育培养的人应该是同党和国家事业发展要求相适应的人。

不同时期，因国家发展水平对人的需求不同，教育的育人目标也有所侧重。

回顾中华人民共和国成立 70 年来的育人目标，从 1957 年培养有社会主义觉悟的有文化的劳动者；到 2006 年培养有理想、有道德、有文化、有纪律的社会主义建设者和接班人；到 2010 年《国家中长期教育改革和发展规划纲要(2010—2020 年)》阐述的面向全体学生、促进学生全面发展，着力提高学生服务国家、服务人民的社会责任感，勇于探索的创新精神和善于解决问题的实践能力；到 2012 年"党的十八大报告"明确提出的把立德树人作为教育的根本任务，培养德智体美全面发展的社会主义建设者和接班人，都围绕"德智体"主线，具体内容随着社会发展需要的变化而变化，但逐步指向以人为本的发展。

21 世纪为信息时代。信息时代有三大特征：信息数字化、经济全球化、职业复杂化。信息数字化就是 21 世纪的人类生活离不开智能信息，面对智能无人零售店、无人驾驶车、财务机器人、教育界的"人机大战"，未来七成传统岗位可能随着智能信息的发展而消失。经济全球化就是世界正发生着显著的变化，科技、政治和经济革命正在消除各种壁垒，让世界联通变得更加顺畅，竞争环境变得更加公平，机会变得更加均等。学生只有在自主学习中具备国际文化视野，学会沟通、合作、对话，才能应对经济全球化进程中的竞争。职业复杂化就是复杂工作以创造、发明、交往为核心，简单的工作交与机器人，人类所做的是计算机做不了的事，因此必须发展学生计算机所不具备的复杂能力，即专家思维(解决实际问题的创新力)和复杂交往能力(协调力)。尤其是进入工业 4.0 时代，物联网使社会形成了高度灵活、个性化、智能化的生产模式，实现了创新驱动。这更需要学生具备未来社会跨界复合、创新创造的能力。

面对快速发展的社会，钱学森曾感慨地说："为什么我们的学校总是培养不出杰出的人才？""我想说的不是一般人才的培养问题，而是科技创新人才的培养问题。""钱学森之问"的实质是如何从知识型、技能型人才培养模式向创造型、发明型人才培养模式转型。

为此，我国根据新时代、新形势和国家发展的需要，对培养什么人有了新的要求。2016 年北京师范大学林崇德教授提出"中国学生发展核心素养",其中,自主发展表现为学会学习、健康生活两个方面。学会学习主要是要求学生乐学善学,自主学习,勤于反思,根据不同情境和自身实际选择或调整学习策略和方法等。健康生活主要体现在健全人格和自我管理上,要求学生自信自爱,有自制力,能正确认识与评估自我等。由此可以得出,核心素养体系所包含的诸多能力中,自主学习能力是内在的本质与核心。

2017 年 9 月,中共中央办公厅国务院办公厅印发《关于深化教育体制机制改革的意见》,要求教育要注重培养学生支撑终身发展、适应时代要求的关键能力,其中关键能力包括"独立思考、学会学习、终身学习、自我管理、与人合作、创新能力、知行合一、解决问题"等,这充分体现了国家对培养学会学习的终身自主学习者的高度重视。此后,我国又出台了《关于全面深化新时代教师队伍建设改革的意见》《中国教育现代化2035》《关于新时代推进普通高中育人方式改革的指导意见》《关于深化新时代学校思想政治理论课改革创新的若干意见》等 9 个配套文件,提出了教育改革发展的政策措施。

2019 年 6 月 23 日,中共中央国务院出台了《关于深化教育教学改革全面提高义务教育质量的意见》,这是党中央出台的第一个聚焦深化教育教学改革、全面提高义务教育质量的纲领性文件。《关于深化教育教学改革全面提高义务教育质量的意见》明确提出学校要培养担当民族复兴大任的时代新人,坚持五育并举,全面发展素质教育。在提升智育水平上要求着力培养认知能力,促进思维发展,激发创新意识;突出学生主体地位,注重保护学生的好奇心、想象力、求知欲,激发学生学习兴趣,提高学生学习能力。在强化课堂主阵地作用中要求坚持教学相长,注重启发式、互动式、探究式教学;课前要指导学生做好预习工作,引导学生主动思考、积极提问、自主探究;探索基于学科的课程综合化教学,开展研究型、项目化、合作式学习;精准分析学情,重视差异化教学和个别化指导。这进一步明确了学生是学习的主体,教师必须激发学生学习动机,引导学生运用自主学习策略,在自主学习中提升自主学习能力。

二、课程改革的需要 >>>>>>>

综观这几年高考改革举措，从不分文理来培养复合型人才，从增加试卷阅读量来培养自主阅读习惯，特别是大学自主招生题目的变化中展现了育人方向的转型。山东大学有一道自主招生题：古代的井为什么是圆形的？学生应从传统文化、地质学、物理学等多学科的角度去思考，才能回答这问题。复旦大学有一道题：如果你是市长，有一天遇到不明缘由的雾霾，你会怎么处理？学生必须具有基于解决问题的综合思维，通过市长身份、气候学、环境学、管理学、人际关系学等知识来回答，充分体现了复合型思维能力。这些问题的答案，在目前高中课程中是找不到的。

海德格尔曾说过：课程，就是架起学生从此在到彼在、从有限到无限的桥梁。课程不仅仅是学科知识的载体，更是学校教育价值取向的承载物。学校有怎样的教育价值取向，都会在其课程的整体架构、课程内容的选择和课程实施方式中得以体现。

《基础教育课程改革纲要(试行)》明确指出课程改革的具体目标：改变课程过于注重知识传授的倾向，强调形成积极主动的学习态度，使获得知识与技能的过程成为学会学习和形成正确价值观的过程；改变课程结构过于强调学科本位、科目过多和缺乏整合的现状，九年一贯整体设计课程门类和课时比例，设置综合课程，适应不同地区和学生发展的需求，体现课程结构的均衡性、综合性和选择性；改变课程内容繁、难、偏、旧和过于注重书本知识的现状，加强课程内容与学生生活及现代社会、科技发展的联系，关注学生的学习兴趣和经验，精选终身学习必备的基础知识和技能；改变过于强调接受学习、死记硬背、机械训练的现状，倡导学生主动参与、乐于探究、勤于动手，培养学生收集和处理信息的能力、获取新知识的能力、分析和解决问题的能力及交流与合作的能力。

2017年9月，《关于深化教育体制机制改革的意见》强调要建立以学生发展为本的新型教学关系，改进教学方式和学习方式，变革教学组织形式，创新教学手段，改革学生评价方式；要从单纯的知识点记忆、反复练习向强调发展高阶思维的教学转变，要从学生的被动学习向强调引导学生成为主动学习者转变，要从割裂的学科知识和单向的思维向重视多学科整合的学习和发展综合思维转变，要从注重学习结果检测、鉴定的评价向重视教学评价的价值引导与学习激励转变。

不难发现，新课程改革倡导的核心理念是为了每一名学生的全面发展。这种发展需要将新课程改革理念和学习方式的转变范式有机地结合起来，真正实现自主学习。这种自主学习并不是一种"接受"学习或者"被动"学习，而是一种自主学习，也就是说把"坚持学"转化为"自主学"。自主学习是新课程提倡的一种学习方式，强调的是学生在学习过程中独立自主地进行学习活动，教师引导学生进行知识的自我建构。通过发展学生的自主性，从课程设计、课程实施、课程评价等方面给予学生自主性学习的适宜土壤和适切成长空间，为新课程改革的顺利实施提供更大的可能性，这是新课程改革真正的意义所在。

为此，学校必须通过课程建设，改变目前课程设计选择性不足的问题，让学生有更多选择空间；改变目前仍然延续的传授式学习方式，努力探索"自主学习""体验性学习"，让一流考生成为具有核心素养的一流学生，使学生形成终身自主学习能力。

三、学生成长的需要 >>>>>>>

随着信息时代的到来，知识总量急剧增加，知识更新周期变短，学生获取知识的途径越来越多，以追求知识储备为主的应试教育永远跟不上知识更迭的速度。有研究表明，在农业经济时代，7～14岁接受的教育足以应付其后40年的工作和生活；在工业经济时代，人们求学的时间延伸为5～22岁；而在当今知识经济时代，学习已成为人们的终身需要。[①] 学生单靠学校学的知识是无法应对迅速变化的环境的，并且海量知识是学不完的，教育的任务必然要由学生学知识向学生学会学习转变。因此，学生在成长过程中，只有建立终身学习的生存理念，不断自我发展，提高自主学习能力，才能适应未来发展的需要。正如联合国教科文组织埃德加·富尔曾明确指出："我们再也不能刻苦地一劳永逸地获取知

初中自主课堂建设的思与行

---

① 参见郁晓华：《个人学习环境中的自主学习：转变与实现》，11页，天津，南开大学出版社，2013。

识了，而需要终身学习如何去建立一个不断演进的知识体系——学会生存。"联合国教科文组织的《学习——内在的财富》报告中也强调，要通过持续学习，把像财富一样隐藏在每个人灵魂深处的全部才能(记忆、推理能力、想象、体力、审美观、与他人交往的能力等)充分发挥出来，从而将终身学习放在社会的中心地位，并将终身学习能力视作进入 21 世纪的一把"钥匙"。

我们已经进入一个"每个个体时刻联网、各取所需、实时互动"的互联网时代。在这种新的社会发展形态下，一种依赖于互联网技术的网络教育正悄然改变着人们的学习内容和学习方式。任何人可以在任何时候访问互联网的任何内容，在各自获取所需的基础上还可以进行多对多的网上人人、人机教学。学生打破了学习时空、学习对象的限制，在学习内容上有了充分保障，使得自主学习成为一种必然。他们需要在平等、互动中激发学习兴趣，在开放、共享中自主获取知识，实现自主成长。面对未来多元的社会形态，我们所能做的就是在学生成长过程中，唤醒学生的主体意识，增强他们的自主学习能力。

目前，学生成长的世界正在变得越来越"小"，越来越多样化，这需要学生在成长中拥有丰富的能力：挑战能力、质疑能力、创新能力、独立思考与协作能力、从他人的批评中学习的能力、与他人沟通的能力、感受力和自省能力、创造性解决问题的能力，从而在高度互联的世界中取得成功。这更加明确了学生成长中自主学习的必要性，促使教师通过自主课堂教学提升学生自主学习能力，完成终身学习的终极教育目标。

第二章
对自主课堂的理解

　　目前，我国关于自主学习方面的研究比较多，并取得了一定的成果。课堂是学校教学活动中最基本的要素之一，与教师教学、学生学习和成长息息相关。因此，课堂是学生实施自主学习的主阵地，没有课堂平台做依托，学生自主学习便没有实施的可能。因此，学生自主学习的实施必然呼唤自主课堂的建构。

　　我们曾做过问卷调查，学生对自主课堂的理想描述中出现最多的十个词汇依次为：互动、兴趣、活动、平等、讨论、活跃、启发、轻松、生活、实践。可见学生心中的自主课堂是能够实现自我、积极参与、民主平等、寓教于乐、充满激情和快乐的课堂。教师应转变教学方式，成为受学生欢迎的人，让学生成为自主课堂的主人。

　　翻阅《2030美国教育展望》可知，随着技术变革的展开，课堂教学应让学生表达真实想法。教师不应多讲；学生应交流讨论，甚至自主探究学习。教师自己决定教学方式、教学内容；学生自我探究，在小组团队合作中碰撞思维，展示成果。课堂讨论的着眼点是解决问题(过程是思维)，并非寻找正确答案(结果是知识）；教学结果并非是教师心中的想法，而是学生自己探索的成果。这样才能培养学生的独立能力、协作能力、领导力、团队合作能力、问题解决能力，才能让学生成为自主的终身学习者。

《基础教育课程改革纲要（试行）》指出，教师在教学过程中应与学生积极互动，共同发展，引导学生质疑、探究，促使学生在教师指导下主动地、富有个性地学习。教师应创设能引导学生主动参与的教育环境，激发学生学习的积极性，培养学生掌握和运用知识的能力，使每名学生都能得到充分的发展。

其实，在20世纪六七十年代以前，我国对传统的"教为中心"的课堂教学已开始进行不同程度的改革。真正践行自主课堂应该从20世纪70年代末开始算起，全国掀起了一次又一次的自主课堂改革浪潮，至今已40余年。这些自主课室改革的经验值得我们在改革课堂教学时参考、借鉴。

自主课堂发展的三个阶段

20 世纪 70 年代末，中国的教育发展迎来了自己的春天，自主课堂的实践如雨后春笋般涌现。仅在 1980 年前后，分别有中国科学院心理研究所卢保衡提出"自学辅导法"，采用"启发引导、阅读课本、自做练习、知道结果、教师小结"的教学步骤，强调学生在教师指导下自学教材，自己练习、检查和改错，以培养学生自学能力；上海市教育科学研究院副院长顾泠沅等人进行了"诱导、尝试、归纳、变式、回授、调节"的数学教学研究；中国教育学会数学教育研究发展中心尝试教学理论研究会理事长邱学华提出"尝试教学法"，以"尝试"为核心，让学生自学课本、自己解题，体现以学生为主、自学为主、练习为主的自主思想；上海嘉定中学钱梦龙提出了"导学教学法"等。其目的都在于突出学生学习的主体地位，发挥学生学习的主观能动性，培养学生的自主学习能力。

到了 20 世纪 90 年代，由华东师范大学叶澜教授主持的"新基础教育"实践研究遍及上海、山东、福建、广东等地区。"新基础教育"跳出学科为本思想，提出了教育的"生命观"，重视主动与互动，注重学生发展的潜在性、主动性和差异性，增强学生的自主能力、自我教育能力，其目的在于构建起 21 世纪所需要的符合时代发展的学校课堂教学。

到了 21 世纪后，朱永新教授的"新教育实验"提出以共同体参与为主要特征的自主课堂，内蒙古自治区赤峰市翁牛特旗教师进修学校教研部主任兼语文教研员都玉茹提出基于学习共同体的生命化课堂，洋思中学提出"先学后教、当堂训练"。自主课堂让学生在合作、探究中进行自主学习，把课堂真正还给学生，把思考真正还给学生，把学习的主动权真正还给学生。

下面着重介绍自主课堂发展三个阶段中的典型实践，并进行分析。

一、关注学生的主体性 >>>>>>>

传统课堂教学是一种以教师传授知识为中心的教学。教师重知识结果，轻思维过程，忽视培养学生的自主意识，忽视学生的主体性作用，强调教师在教学中的主导作用，无视学生学习的主动性和自觉性，教支配、控制学，学无条件地服从于教。为改变这种陈旧的教学观念，20世纪70年代末，一些有思想的教育家大胆改革，走出了一条以学生为本的自主课堂改革之路。

上海育才中学段力佩先生在自主课堂教学实践中总结出了八字教学法。"八字"是指教学应遵循"读读、议议、练练、讲讲"的顺序："读读"是引导学生主动地读教材，"议议"是引导学生围绕问题小组讨论，"练练"是学生巩固所学知识，"讲讲"是学生对所学进行总结、反思。其基本精神是让学生成为学习的主人，变被动听讲为主动自学。

湖北大学异步教学研究会理事长黎世法提出的"最优中学"教学方式，是一种"八环节"与"六课型"相结合的教学法。学生在课外按"八环节"进行自学，以配合课内"六课型"的学习；课内"六课型"的教学对学生课外"八环节"的自学，在学习内容和学习方法上起着指导和促进作用，从而实现教学方式的最优化。[①] 从本质上来说，"最优中学"教学方式基于学生学情，最大程度地发挥学生的主动积极性，使学生高质量地掌握基础知识和基本技能，成为学习的主人。

魏书生以培养学生自学能力为中心，创造出"定向、自学、讨论、答题、自测、自结"六步教学法。其中"定向"为确定学习重点；"自学"为指导学生把不懂的画出来；"讨论"为小组讨论解决学生在自学中不懂的问题；"答题"为其他学生帮助未懂的学生回答；"自测"为学生自己出题，在自答、自评中反思；"自结"为学生自己总结学习所得。

这些教学方法强调"学为中心"，凸显以学生为主体，提倡学生自学与教师指导相结合，在学生先学后教中培养自主学习能力。但站在今天看当时，这些教学方法也存在着一个问题：课程改革指向都以学科教学

---

① 参见朱永新：《中国当代教育思想史》，223页，北京，中国人民大学出版社，2012。

为本质，把学生自主学习内容框束在学科内容之内，在教师明确预设指向下进行知识的对话、合作，让学生带着"镣铐"寻求知识。结果，本应强调学生自主建构的学习变成了由教师把持下的探究，是典型的用授受式学习理念开展自主学习。学生的整个探究过程主要致力于揣摩教师的想法，寻求结果的正确性。同时，课堂教学缺乏基于真正个体学情基础下的合作、对话、探究，缺乏高阶思维、创新能力的培养，与新课程的"育人"要求还有一定差距。

二、关注互动合作 >>>>>>>

20 世纪 90 年代，"新基础教育"以改变师生在校的生存方式为目标，以动态生成为活动核心，强调生命教育，注重学生发展的潜在性、主动性和差异性，让学生成为自我发展的主人。"新教育实验"提出理想课堂应以更人道的、更人性的、更科学的方式来呈现，实现知识与师生生命的深刻共鸣。华南师范大学教授郭思乐提出"生本教育"，突出学生、学习、合作、探究。当教师把教育目标指向学生的生命成长、指向对每一个生命个体的终极关怀时，课堂必然要走向一种文化生态的学习环境。

都玉茹提出了"生命化"课堂，以组织建设学习共同体为核心，通过分组、分工、取组名、定组规等小组文化建设，将学生置于和谐、开放的生态化环境中；通过营造师生民主、尊重的氛围，在"让学"中进行读、说、做；在小组合作、对话中进行展示、质疑，激发学生内在潜能，发挥团队学习效应，从而激发学生内驱力，为学生的主动学、合作学、探究学提供可能。

河南省安阳市殷都区提出了"双向五环"高效课堂模式的主体多元教育思想，其中"双向"是指师生双方通过教与学的互动，发展学生主体性，开发学生的多元智能；"五环"是指"学生预习·教师导学、学生合作·教师参与、学生展示·教师激励、学生探究·教师引领、学生达标·教师测评"的基本环节。"双向五环"以学生全面、和谐、主动发展为中心，以导学案为抓手，让全体学生主动自学，并与"五环节"融于一体，推进师生互动、生生互动，发掘每一名学生的潜能，促进学生全面自主发展。

洋思中学提出"先学后教，当堂训练"的教学法，走出了一条以自主学习为根本的教学改革与发展之路。其课堂模式的操作流程分为"板书课题、出示目标、自学指导、先学、后教、当堂训练"6个环节。"先学"是指学生在教师进行自学指导后，带着问题在课堂上选择适当的方法，自学相关文本内容，完成检测练习。"后教"是指学生自学后"兵教兵"，通过更正、讨论，各抒己见，会的学生教不会的学生，最后教师与学生互动，帮助学生补充、归纳。"当堂训练"是指教师让学生在学习文本内容后利用课堂时间独立完成相应的作业。这种模式以培养学生自主学习能力，促进学生健全发展为最终目的。教师的主要责任不是传道、授业、解惑，而应是教学生学会学习，实质在于让学生真正成为学习的主人。

但是，站在育人高度看当时的"互动、合作"的科学性、有效性及自主课堂改革，还存在一些不完善之处，需要我们继续不断审思。

（一）小组热烈对话背后的低效

自主课堂的核心是以学生学习为本位，课堂上呈现自主学习、合作共生、质疑批判、自主反思的对话。这就要求课堂对话不能只看学生认知能力的发展，更重要的是培养学生的对话精神与对话能力，也就是培养学生的独立人格、批判思维与自主意识，实现意义的自我建构，进而展现学生个体生命的意义。

从课堂教学的对话效果看，虽然小组合作对话较为热闹，但通过认真分析发现，热闹的背后因学生自身的阅历水平不够，没有深入的见地，又缺乏教师的引导，以致学生不知什么内容需要对话，什么内容不需要对话，更缺乏共同话题的深入对话，各管各说，造成对话流于表面，无法形成思维的深度碰撞和情感的融合。有些活跃学生和尖子生牢牢把持着小组的话语权，以自己的观点取代小组的看法，无法实现每名学生自我的意义建构。这样的课堂对话缺乏多元、个性，缺乏思维、情感、体验的深度融合，缺乏自我的意义建构，结果对知识习得的关注取代了对"人"的关注。

（二）学生自主学习策略的低效

1. 导学案反成学生自主学习的枷锁

学生借助导学案进行自主预习，使预习有目标、有成效。但学生在交流与展示导学案时，死板地把导学案中所做的内容进行小组交流、组间展示，关注的是结果的正确与否，以致自主课堂异化为练习校对，成为束缚学生深度思维、教师个性教学的一具枷锁。

2. 学生合作、对话策略的缺失

学生借助合作、对话的自主学习方式进行展示。对话的内容缺乏选择性，较随意；在如何通过对话实现思维碰撞方面缺乏有效方法；展示时对对话的时机把握不准，以致展示仅仅是展示所得知识，展示结果还是在起点打转，缺乏有效的深度展示。生生合作、对话缺乏认知学习策略、元认知策略、资源利用策略等策略的运用，使展示中的对话死板、低效。在展示时，许多学生缺乏倾听能力，对其他同学的发言缺乏自己的理解，难以顺应或重构知识。同时在生生合作过程中，学生直接给予问题的答案，缺乏对同学学习思维策略的指导，缺乏对自主合作中观点的尊重；尤其是在反馈环节，反馈的落点是以知识为本的刷题，以致合作、对话的终极指向还是知识，缺乏思辨、批判、跨界、创新性综合解决问题等能力的培养。

(三)过度强调"以学为中心"造成"教"的缺失

自主学习的关键是把课堂真正地还给学生，把思考真正地还给学生，把学习的主动性真正地还给学生。但自主学习并非仅仅交给学生自主权就完事了。教师为了尊重学生意义建构的自主权，放弃自身的智慧，不对学生的建构加以引导、点拨、提升，对学生自主性培养缺乏切实可行的策略，使得学生的自主性流于肤浅和表面，造成一种形式上的"自流"现象，即自主的异化现象，这是一种虚假的自主。有的教师一味强调学习内容由学生自己确定，学习方式由学生自己选择，学习伙伴由学生自己挑选；甚至有学校强逼教师上课最多只讲 5 分钟，使得课堂活动沦落成一种"自流"活动。这样的自主课堂是不能把学生的建构引导到一种更高的认知水平上去的，这种自主学习是低效的、放任自流的，意义是难以建构的。

三、关注自主探索 >>>>>>>

《基础教育课程改革指导纲要(试行)》指出："倡导学生主动参与、乐于探究、勤于动手，培养学生收集和处理信息的能力、获取新知识的能力、分析和解决问题的能力，以及交流与合作的能力。"学生发现问题、分析解决问题的能力欠缺，尤其是基于问题的主题式学习、项目化学习、个性化学习的实施，STEAM 课程的推进，初中学科知识对学生探究能力的要求，促使教师必须尽快转变观念，改革课堂教学方式，倡导学生自主探索，放手给学生自主探索的时间与空间，让学生尽快主动地参与学习、研究问题，使学生变被动学习为主动学习，并形成终身学习的意识与习惯，获得终身学习的能力。正如美国教育家波利亚明所说，学习任何东西，最好的途径是自己去发现，教师只是给学生创设一个自主探究问题的情境或平台。

随着近几年探究式学习的兴起，湖北省武汉和黄陂区前川街第五小学提出了"自主探索"教学，采用"创设问题情境、合作交流、猜想质疑、查阅资料、分层指导"的实施方法，按照"明确目标，课前自学—收集素材，有机合作—积极讨论，自主交流—总结反思，巩固提高—课外延伸，充实体系"五个步骤开展教学，以激发学生探索欲望，提高学生学习兴趣，培养学生创新精神和问题解决能力，实现"不教之教"。

但自主探索教学过程中也会出现一些困惑，如探索知识储备不够，探索能力缺乏支撑，合作探索过于混乱，教师不清楚如何指导学生自主探索，等等。这些问题有待我们去进一步思考。

综上所述，几十年的课程改革历程注重以学生为本，转变学习方式，在自主学习中融合合作、对话、探究，充分体现育人思想。随着社会的发展，课程改革的育人目标在与时俱进，课程改革永远在路上。如何真正精准把握学情，如何基于学情开展有效的合作、对话，如何运用对话策略提高有效性，如何通过自主探究来解决自身自主学习疑惑，如何在反思、评价中调节自我学习，如何真正体现以人为本的自主育人理念，这将成为我们自主课堂建议要解决的问题。

自主课堂中几对要素的辩证关系

自主课堂是在学校教育适应社会发展需要的实践探索中诞生，在新基础教育改革过程中逐渐走进人们视线的一种新的课堂教学形式。它以学生自主学习为本位，充分体现学生的主体性，在吸收传统课堂教学精华的基础上融入了自主、合作、对话、探究的思想，在相互尊重、平等信任的学习氛围中体现出了一种"我一你"互为主体的新型师生关系。学生主动与教材、与他人、与自己进行多元对话，实现精神的相遇相通，达到对话双方认知共振、思维同步、情感共鸣；在自主学习、合作共生、多元对话、质疑批判、自主反思中，由他主走向自主，由依赖走向独立，由单维走向多维，由有意识走向自动化，实现意义建构，从而培养自主意识、批判思维和对话反思能力。

自主课堂是由教师教的活动和学生学的活动组成的有机整体，是教学行为和学习行为的有机融合。因为教师教的活动和学生学的活动本身存在诸多要素，所以自主课堂中存在的多种要素是错综复杂的。我们只有厘清这些要素之间的关系，才能进一步深入理解自主课堂的深刻内涵，为学校自主课堂实践提供支持。自主课堂中的要素有很多，这里只列举了我们认为最主要、最核心的几对关系加以分析，并没有穷尽所有问题。

一、教与学 >>>>>>>

无论是传统课堂还是自主课堂，都离不开教师的教和学生的学。教和学是课堂教学中不可缺少的构成要素。自主课堂有别于传统课堂，强调学生的主体性和学习的自主性。那么在自主课堂中，教师的教和学生的学应该是什么样的关系呢？我认为，教师的教和学生的学是既相互独立又相互依存的，是辩证统一的。

从活动主体的角度来看，教的活动主要属于教师。教师通过运用自身的教学智慧，采取一定的教学策略，让学生获得知识与能力。教师的文化水平、教学能力、生活阅历等是学生无法替代的。个别学校采取让教师最多只讲5分钟，甚至整堂课不见教师，让学生展示，兵教兵，一师上多课的方式。这种过于极端的课程改革是很低效的，是对教师重要地位的忽视。学的活动属于学生。学生通过自主地学习，在合作、对话、反思中构建意义。这个知识建构的过程需要学生自己体验、反思，在情感与理性的碰撞中重构知识。教师是不可能代替学生的。

当然，教师的教如果少了学生的学的参与，那就是满堂灌，是知识为本的传统课堂。教师根据教材内容及教师预设，将知识一点点讲给学生听，忽视学生学情与需求，忽视学生的主动性和参与性，忽视学生的生成与质疑，在学生没有体验、反思的情况下，教师的教变成了自说自话的"独角戏"。反过来，如果没有教师的教，学生完全自学，那么这种自学就变成了独学。以初中生现有的知识和掌握的学习方法，他们必然会一知半解，甚至因为没有解决问题而放任自流。

因此，在自主课堂中，教师的教和学生的学是互为前提而存在的。有效处理好教与学二者的关系，应从以下两方面考虑。

（一）以学定教

自主课堂更强调学生的自主性，这就决定了教师的教要来源于学生的学，要根据学生的学来确定教什么和怎样教。这与传统意义上的教是完全不同的。

自主课堂的教必须在学之后，没有学生的先学，就没有教师的后教。学生在自主预习后，就会产生各种各样的兴趣点、未知点、疑惑点。教师应针对这些静态学情分析学情背后的根源，融合教材的重难点，进行二次备课，教学生的不懂处，提高课堂的有效性；在学生合作、对话时，还可以根据动态学情找到学生的最近发展区，随机调整自己的教学策略，或介入，或点评，满足学生需求，引导学生深入探究；在作业布置时，基于不同学生的掌握水平，可以布置分层作业或个性化作业，以激发学生的学习兴趣，让每一名学生都能得到提升。

（二）以教导学

自主课堂要求学生先学，教师在学生学的基础上进行有针对性的教。教师教的方法不是讲，而是根据学生学的需要，给学生一个自主学习的环境或平台，科学、有效地引导学生去学。

自主课堂虽然强调学生的自主性、创造，但发挥学生的这些特性是有条件限制的。由于初中生知识储备量有限，自控能力较弱，自主学习策略缺乏，因此初中生的学习不可能脱离教师的引导和支持。首先，教师应通过创设情境，引起学生的学习兴趣，激发学生的学习动机。其次，教师应提供学生自主学习的方法和策略，并引导和帮助学生自主学习，使学生顺利自求，从中获得自主学习能力。最后，教师对学生的自主学习应给予及时、有效的反馈，通过反馈促使学生自我调节学习策略，提高自主学习效能。可以说，自主课堂是对传统课堂"让学生学会"的"教"变成帮助学生自主"要学"的"教"，并且实现"会学""能学""坚持学"。[①]所以，在自主课堂中，教师的导是必需的，是为了学生更好地学。

总而言之，自主课堂的"教"与"学"实际上是融于一体的，教中有学，学中有教。教与学的比例是根据学生的学情动态分配，以实现教学相长的。

二、自学与合作 >>>>>>>

自主课堂强调学生要学会自学，学会合作。自学就是学生自觉地学习，包括独自学习和在教师引导下的主动学习，是一种个体学习行为，是进行自我探究、自我体验、自我反思的学习过程。合作是一种集体学习行为；是学生个体基于自身问题，借助小组或全班力量，共同开展交流、讨论，在集体智慧的碰撞下得出结论。两者看起来是一对矛盾，其实是辩证统一的关系：自学是合作的前提和保障，合作是自学的再深化。学生基于自学进行有需求的合作，在合作中进行学习的自我反思、自我调节，再在自学中顺应同化。这也正是自主课堂体现的自主的精髓。因此，自主课堂处理二者关系时，应做到以下三点。

---

① 参见王莹莹：《自主课堂构建》，硕士学位论文，福建师范大学，2011。

(一)自学应在独学中提出自己的疑惑或看法，为合作做准备

学生借助预习单进行独自预习时，应调动自己的经验，运用自学策略，与教材内容进行对话，读出对教材的自我体验，记下自己无法理解的疑惑，为课堂中的组内、组间合作做准备，也给教师的有效指导提供参考。

叶青飞老师执教《皇帝的新装》的预习单

《皇帝的新装》是深受很多人喜欢的一则童话。周作人先生曾经对《皇帝的新装》有过这样一则评价：《皇帝的新装》本见西班牙曼努尔著的《卢堪诺尔伯爵》第七章，安徒生取其事，改作此稿……读来弥觉轻妙可喜又可叹。

现在请同学们像周作人先生那样用关键词写下你的评价。你会写下什么样的词语呢？结合内容说说为什么。

学生在自主预习《皇帝的新装》后，在预习单中写下了"昏庸""荒唐""可笑"的看法，这三个词语是对人物形象和故事情节的精辟概括。可见学生对这篇童话的鉴赏是比较到位的，对人物和情节的理解是准确的。对于课文内容，学生已经在自学中完成了，充分体现出了学生的自主意识及自学成果。叶青飞老师在执教《皇帝的新装》时，就是根据学生自学后的观点切入教学的：同学们在预习单中写的三个表达观点的词语让我眼前一亮，下面请同学们跳读课文，圈点勾画出关键语句或段落，并揣摩思考哪些地方可以看出"昏庸""荒唐""可笑"。小组合作后进行讨论交流。这样，学生自学中的观点成为教师课堂的教学内容，也成为学生小组合作交流的内容。

(二)合作应在学生自学的疑难处、相异处进行

在许多课堂教学中，有些教师不管学生的学情，不管学生的兴趣，不管问题的难易，更不管问题是否有合作讨论价值，动不动就开展小组合作，觉得热闹的课堂讨论才能显现出课程改革的精神。其实，自主课堂更关注合作环节对学生自主学习的引领、促进作用。教师应根据学生自学时的学情，针对学生的疑惑点、对同一问题的不同观点、与教材重难点的契合点，选择合适的时机展开小组讨论或组间展示，在合作中帮助学生个体调整学习策略，从而在思维碰撞中反思自我，进行意义的

重构。

有学生在自学《女娲造人》时，在质疑问难处写下了自己的疑惑：女娲从何而来。这是学生在与文本对话后解决不了的问题，也是学生的疑惑点。教师在分析预习单时发现，这个问题有一半学生提出来了，并以学习能力较低的学生为主。于是叶青飞老师就利用这个问题，让学生在这节课进行小组合作讨论，把学生独学时的疑惑点作为小组合作的讨论点。

叶青飞老师执教《女娲造人》教学片段

师：下面我们先来看第一个问题：女娲从何而来？看看文中有没有告诉我们答案。如果没有，那么你觉得女娲从何而来？请大家小组合作，讨论交流一下自己的观点。

生：传说女娲是孙悟空的母亲，所以女娲也有可能是从石头里跳出来的。

生：女娲是从盘石死后的三魂七魄中的一魂诞生的。

生：女娲是盘古精气所化，盘古开天辟地后分成三大精气，女娲是其中之一。

生：在古代，人们对知识理解不足，不明白自己从何而来，只能通过想象创造出神话来表达，女娲是想象出来的。

生：盘古开天辟地死后，他的脑子分成了两个人，分别是女娲和伏羲，女娲是右脑，伏羲是左脑。

生：是吸天地日月之精华而形成的。

师：大家都提到了一个词——想象。那么，这种想象到底从何而来？真的完全是凭空捏造的吗？西方文学有两大造人说，是哪两大？

生：西方文化基督教上帝造人，希腊普罗米修斯造人。

师：哦，那我们知道了西方造人的是男性形象，而我们中国却是女性形象，为什么？

生：因为那个时候是母系社会，以女性为主。

师："娲"字的写法，右边是一个做饭的锅，左边是一个女，也就是一个女子在做饭，在劳动。可见先民们把劳动的功劳很多都归给了女性。这是为什么呢？因为这个神话产生于母系社会时期。孩子出生后只知其母，不知其父，因此为女性形象；西方的造人神话可能产生于父系氏族时期，因此为男性形象。所以想象以现实为土壤；此外，女性有母性的力量，更加柔美，先民们更愿意把一些美好的东西附加在女性身上，所以想象以情感为依托。有兴趣的学生还可以课后去翻阅一下书籍，你还可以有其他答案。

教师课后反思：我们一定要培养学生的自学能力，让他们在自己预习时产生疑惑。这样，教师在教学时可抓住学生的学情，通过小组合作探究，推动学生进一步自主学习，在合作中印证自学中的想法，从而把握神话是想象出来的，想象合情合理又来源于现实。

（三）应在教师有效指导、小组合作后进行再学

除了教师教前的独自学习外，自学还包括教师指导后的再学，让学生在教师指导后进行深入、主动的探究，促进学生自主学习能力的提升。由于初中生自学能力不足，因此教师必须发挥指导作用，在学生的疑惑处或教学内容的深化处进行点拨、引导，促进学生观照自身的学习，在反思、碰撞中调整学习策略，并进行再次独自尝试、体验，从中提升学习经验。

汪迟老师在进行《骆驼祥子》整本书阅读的教学时，让学生根据学程任务，有目的、有针对性地自学精读部分的相关内容，在完成学程任务的同时记录下自己的感悟和质疑。以下是一名学生的部分质疑感悟。

1. 祥子很崇拜高妈，高妈又热心地给祥子提建议，为什么祥子还是不接受高妈的建议呢？

2. 祥子这么不喜欢虎妞，而且是因为虎妞"怀孕"被迫成婚的。当他知道虎妞是假孕骗婚时，他为什么不离婚呢？

3. 小说中阮明的出现有什么意义？感觉他不是好人，但最后在被游街送刑场时好像也有点可怜……

4. 祥子最后死了没？老舍为什么不写祥子的最终命运呢？

…………

学生通过自主阅读整本书，对文本有了一定的认识。教师在课堂上根据学生的阅读任务，进行了有针对性的教学。指导阅读后，教师还需引导学生反馈自己的阅读认知。在自主阅读和教师指导后，学生的问题是丰富多样的。此时，教师需要再次进行分类并确定合适的学习策略。

汪老师发现学生再读后的问题集中在祥子的悲剧命运上。学生囿于背景知识的不足和阅读审美能力的有限，需要教师补充相关背景知识，

并引导学生运用"知人论世"策略和"联读"策略再次阅读。汪老师首先指导学生筛选出集合叙述刘四爷的内容，然后引导学生思考"刘四爷的哪一个决定对祥子的命运影响最大"。通过多次自主阅读，再通过小组合作，学生对文本的理解更加深入，也发现了自己初读时忽略的内容，并真正学会了在阅读中使用"知人论世"策略和"联读"阅读策略。

总之，自主课堂离不开学生的自学与合作。教师如果能有效处理好这对关系，能使课堂自主，那么就会极大提升学生自主学习能力，展现出自主课堂的真正魅力。

三、对话与倾听 >>>>>>>

对话是人类思想的表达，是人类和谐相处的原点，更是现代人类生命存在的基本诉求。真正的对话没有绝对目的，只是对真理进行流畅的交流；不需要达成统一的意见，需要的是理解与意义建构；不要求说服、同意，需要的是参与、倾听与表达。所以，在自主课堂中，教师只有通过互动对话的学习方式，引导学生交流、分享彼此的观点和看法，才能让全体学生在倾听中共享成果，在共享中达到更加全面、真实和独特的理解。

当然，倾听也是一种对话，远比发言更重要。佐藤学说：学习需要"静谧安详的生活""彼此倾听的关系"。[1] 学生要耐心倾听其他同学的想法并捕捉价值点，进行自我反思，同时寻找对方的认知困惑、矛盾和错误处、不同的想法，有条理地、有针对性地表达自己的看法与观点，与对方进行对话。这样，学生在质疑问难中与同学思辨，在思维碰撞中反思自我，实现与他人、与自我对话，对问题多元、多角度地深入理解，甚至在倾听中建构起属于自己的新的意义。

所以，对话是倾听的前提和基础，倾听是对话的深化。

四、知识与能力 >>>>>>>

知识是客观事物的固有属性或内在联系在人们头脑中的一种主观反

初中自主课堂建设的思与行

---

[1] 参见佐藤学：《学习的快乐——走向对话》，20 页，钟启泉译，北京，教育科学出版社，2004。

映，能力是完成一定活动的本领。能力不是知识、技能，但和知识、技能有着密不可分的联系。能力是掌握知识、技能的前提，没有某种能力就难以掌握相关的知识、技能。能力决定着掌握知识、技能的方向、速度、巩固的程度和所能达到的水平；反过来，掌握一定知识、技能可促进能力的发展。所以说，提升能力可以丰富知识，丰富知识可以促进能力的提升。

课堂教学最基本的目标就是传递知识，这是任何时候都不能忽视的。学习掌握必备的基础知识是课堂教学必须追求的价值。没有知识，人的能力就没有基础。反过来，培养能力不能轻视知识。

随着新课程改革的实施，有些学校出现轻视知识的现象，觉得课堂应以培养能力为主，掌握知识是传统课堂的老观念。北京师范大学王策山教授曾说过："轻视知识的教育思想理论没有全面反映教育(培养人)发展的基本规律，带有理想主义或空想的成分，只有部分的道理，片面性是很大的。不能用一种片面性去克服另一种片面性，不能从一个极端走向另一个极端。"[1]所以说，知识和能力是课堂教学的两翼，任何一方面都不能偏废。只是传统课堂教学太过于注重知识的传授，没有把获得基础知识与学会学习的过程统一起来，这是问题的症结所在。

现代教学思想强调对学生能力的培养，就是说要使学生不仅学会知识，而且能掌握打开知识宝库的"金钥匙"。能力应在新知识的理解、掌握、运用中得到发展。学生要真正掌握好科学知识，需以一定的智力和能力的发展水平为前提。提高智力、培养能力离不开基础知识的教学，教师应当寓智力培养于基础知识的教学之中。特别要关注的是，在获得基础知识的过程中，教师是采用了什么手段、什么方法，学生是如何在获得知识的同时获得能力的。[2]

随着时代的发展，课堂从追求知识的结果向注重思维能力形成的过程转变，关注学生的独立学习能力、合作对话能力、质疑反思能力、跨学科思维、工程思维、创新性解决问题思维等。自主课堂通过教师对学生学习策略的指导，使学生通过自主学习获得知识，在合作交流知识的过程中培养对话能力，在对话的过程中促进对知识的反思与掌握，在自

---

① 王策三、孙喜亭、刘硕：《基础教育改革论》，83页，北京，知识产权出版社，2005。

② 参见王瑞娟：《课堂教学改革中的几个辩证关系》，载《师范教育》，1987(12)。

主反思与掌握的过程中获得意义重构的策略，培养自主学习能力。

在教学说明文《中国石拱桥》时，为了更好地让学生厘清事物的特点和说明方法，理解赵州桥的特点，李贝老师设计了一个活动——让学生通过阅读来绘画赵州桥简图，并进行小组合作、展示、点评。

这个教学设计充分调动了学生学习的积极性。学生通过小组合作，在画的过程中不断反思并讨论纠正理解上的错误，不但充分掌握了文章内容，感受到了说明文的语言魅力，而且掌握了自主阅读的图文思维策略。最后对于赵州桥的"二十八道拱圈"这个理解难点，学生用图片呈现，直观地展示了何为"拱圈"，达到了预期的教学效果。学生在这个活动中，不但掌握了说明文的相关知识，而且掌握了教师所教的自学策略，学会了如何在合作、对话中解决问题，激活了发散思维，培养了质疑、批判能力，实现了知识与能力的双丰收。

第三节

我心中的自主课堂

教育面向的是一个个鲜活的生命个体。雅斯贝尔斯在《什么是教育》中指出："人的回归才是教育改革的真正条件。"教育是人的一种生存方式，点化和润泽生命是教育的核心。北京十一总校联盟学校校长李希贵强调：我们应追求分数以外更重要的东西，让每一名学生成为自主发展的主体，教育就是去发现、唤醒。

在多次基础教育课程改革浪潮中不难发现，发现、唤醒每一个生命，就是要落实以人为本，以学为中心。初中课堂变革与转型其实都有一个共同的方向，主要体现在课堂中"教"与"学"的方式的转变上，即从以教为中心向以学为中心、教什么向学什么、怎么教向怎么学转变，最终让学生从"要我学"向"我要学""我会学"转变，使学生成为能自主学习、自我调节的终身学习者。

为此，教师必须积极转变教育观念，课堂教学不仅要致力于知识和能力目标的实现，而且要致力于学生学习方式的转变；变革学生学习方式，树立以学生发展为根本的意识，放手给学生一个自主学习、自主探究的时空，让他们尽快积极主动地参与学习、研究学习、反思学习、调节学习，在自主学习后开展合作对话，在合作对话后再自主学习，最终养成终身学习的意识与习惯，获得终身学习的能力。

自主课堂应落实"学为中心"理念，体现"四个应是"，遵循"四个原则"，这样才能在学生心中种下"我能行""我能做""我会做"的"金种子"，才会让课堂真正回归"人"的教育，实现"人"的自主发展。

什么是"学为中心"呢？张丰曾说过："学"是指"学习"，且是教师和学生的共同学习。"学为中心"就是要以学生为学习活动的主体，以学情分析为教学的依据，以任务为学习活动的基本组成单元，以促进有意义的思维为教学活动的目的，以主动而有质量的参与为有效学习的标志。概括一下就是学生、学情、学法、学得。关注学情与学法，自主课堂才能体现以学生为本，才能促进学生有意义思维的发展。因此，学情与学法是自主课堂教学最应关注的两点。

(一)关注学情

学生是一个个具体鲜活的生命。他们并不是一张白纸，有着各自的家庭、经历及自我独特的个性、兴趣。当我们面前出现这么多个性迥异的学生时，我们首先要做的是相信他们对要学习的主题一定已经有了某些方面或深或浅的了解。这些了解中一定存在着共性的东西和个性的方面，存在着学生已知的和未知的，存在着学生感兴趣的和不感兴趣的。因此，尽可能从学生的"已知""未知""能知""想知"和"怎么知"等方面去关注学情就显得非常重要。学情分为课前的静态学情与课中的动态学情。

静态学情虽然是课前的，但对教材内容转化为教学内容起到了重要作用，也直接影响着课堂内容的呈现、学生学得的程度。因此，我们应通过教师在课堂上呈现出来的生动教学内容来反观教师对教学内容的取舍，以更好地落实课程改革理念。

静态学情的分析通常出现在教师的课前备课环节。教师通过批改学生预习单，依据学生年龄特征，依靠丰富教学经验，做出学情判断，了解学生想知的兴趣点、能知的提升点、未知的疑惑点，设计并调整教学目标及教学内容。

在"学为中心"的自主课堂视角下，教师除了进行课前静态学情的分析外，还应关注对学生动态学情的迅速反馈与分析。因为课堂的生成性决定了在师生独学、问答、讨论、合作探究时，学情会随着教学内容的推进发生动态变化。这就需要教师在教学中仔细观察学生，认真倾听学生各种看法，鼓励学生提出自己的观点，让动态学情呈现出来。这样，教师才能掌握学生在学习中对哪些地方感兴趣，哪些内容已经掌握，哪些知识还很欠缺，学习的状态及气氛如何，然后从学生的需求出发，从学生认知的可能出发，从学生学习心理和有效达成出发，顺势而动，及时调整预设的教学策略，改变自己的教学内容。

(二)关注学法

现在教师普遍关注学的结果，忽视学的过程，这是由知识为本的传统观念造成的。在"学为中心"的自主课堂中，教师应成为学生学习的引导者，通过倾听、观察、引导、点拨、等待、协调等来组织教学活动，为学生的主动学、合作学、探究学提供可能；学生通过合作、对话等方式进行学习，从而使教师的教向学生的学转变。关注学法具体有以下四点做法。

1. 善于倾听

倾听是一种能力、一种素质、一种思维习惯，更是一种无声的对话。学生因立场、知识面、思维方式、性格、价值观不同，表达的观点及方式各不相同。教师必须站在学生的立场，仔细倾听他们所说的每一句话，在倾听中换位思考，在换位思考中解读学生的观点，感悟学生的思维方式、观点依据，并在耐心倾听后反思，比对两者观点的异同，然后思考梳理自己的观点，或认同顺应，或反对质疑。教师千万不能用自己的价值观去指责或评判对方的想法，要以理解的态度对待对方，并确认自己所理解的是否就是对方所讲的。这样的倾听是课堂合作对话的前提，也是一种与学生、与自我的有效对话。当然，在生生对话时，教师要在倾听学生的想法并捕捉价值的过程中，根据学情及时介入，进行点拨引导，有效引导学生对话、反思，使学生倾听更有目的性、有效性，实现在倾听中建构新的意义。学生耐心倾听，然后乐于表达，在质疑问难中思辨，享受思维的碰撞，浸润成长的生命。

2. 多元对话

多元对话就是师生、生生、生本对话。在自主课堂中，学生能够与教师、同伴进行积极地交流与互动。对于教师的提问，学生能够积极思考，并踊跃回答，且有自己的见解。当教师让学生展示时，学生也能够积极响应。当小组讨论或同伴交流时，学生也显得如此活跃。他们很乐于把自己的想法与同伴分享，对同伴的问题做出反馈。在小组团队中，小组成员都显得如此积极、热情、富有责任感，共同完成小组任务。这样，学生主体的尊严被唤醒，自我实现的价值得到充分体现。学生在合作中相互鼓励，相互促进；在互助中和谐发展，共同成长。这种自主课堂教学实现了学生主体性的回归，真正做到了以人为本、学中有"我"，激发了学生无穷的学习动力，有利于把学生培养成为具有自主、自信、自强性格的自觉学习者。

3. 合作探究

新课程标准要求学生对教学的内容有自己的心得，能提出自己的看法和疑问，并能成功运用合作的方式共同探讨疑难问题。这就要求教师在学生遇到疑难问题时，把问题的筛选权和解决权还给学生，组织学生进行小组合作学习，通过合作学习提高课堂教学效率；在教学中，通过师生间、生生间的信息交流，实现师生互动，相互沟通、影响、补充，从而达到共享、共识、共进的目的。学生通过小组自主探究合作学习，实现知识由自我构建到集体共建的转变，拓展思维的空间，在共同认知的基础上提升积累、辨识、发现的能力。

4. 多样活动

多样的课堂教学活动形式有利于保持学生的注意力。教学活动既要有记忆活动，又要有理解活动、互动活动、情感活动、反馈活动和评价活动等；就组织形式而言，既要有个体活动，又要有小组活动和全班活动；就学习方式而言，既要有自主学习的活动，又要有在竞争中学习和在合作中学习的活动。教师可以从教材内容、教学过程、开放空间、评价方式等方面入手，使课堂在活动中开放。在内容方面，教师要立足教材，但又不能拘泥于教材，要创造性地运用教材，使教材走进学生的生活。

二、体现"四个应是" >>>>>>>

(一)课堂应是师生合作对话的场所

合作对话能力是当今社会的一项重要能力，学生表达交流、与他人合作的能力主要是通过课堂教学活动来培养的。课堂是心灵对话的舞台，一堂好课不是教师的自我表演，更多地体现在与学生合作、对话的程度、方式和成效上。在自主课堂中，教师通过创设合作对话的活动平台，进行有策略、有智慧的点拨，促使学生不断思考。学生在主动参与、互动对话中交流感受，在智慧观点碰撞中获得意义，从而提升自主学习能力。

李小清老师执教《猫》课堂实录片段

师：刚才我们大致了解了三只猫的三个故事，同学们有没有发现虽然这三只猫性格不同，但结局都是让人伤感的，都是亡失。所以课文整体上洋溢着一种淡淡的忧伤。这是我们人眼中看到的猫。下面，我们试着换一个角度，站在猫的立场看看人。下面我要为三只猫找三位代言人。谁来为前两只猫代言？

生1：人们对我比较好，比较友善。

生2：人们喜欢我，会逗我玩，看我玩耍。

生3：人们都喜欢我，他们看着我玩，为我担心，怕我跑丢了。

师：说得好，这两只猫都得到人们的喜欢。那第三只猫呢？

生4：人们不太喜欢我，还冤枉我。

师：是的，人们不太喜欢第三只猫，而且猫主人的武断还直接造成了它的悲剧。那么，这悲剧源于什么呢？

生齐答：芙蓉鸟事件。

师：我们现在来看看这个芙蓉鸟事件。请同学们默读15～34自然段，然后化身侦探来破案。小组合作交流，之后每组派代表发言。

（多媒体投影：芙蓉鸟事件过程）

案发现场情况：

犯罪嫌疑者：

犯罪嫌疑者作案的可能性：（"我"为什么怀疑是那只丑猫）

依据：

  案发前，

  案发后，

对犯罪嫌疑者的惩罚方式：

"我"的怀疑是正确的吗？

案件定性：

发生冤案的原因：

"我"的过失是什么？（原文）为什么会有这样的过失？

根本原因：

（学生各小组开始热烈讨论，大约5分钟）

师：讨论好了吗，侦探们？现在我们来探讨一下案情。谁先来说？
（学生踊跃举手）

生1：案发现场情况是鸟儿死了一只，一条腿被咬去，笼板上都是血。

生2：还有，羽毛松散着，好像它曾跟它的敌人挣扎了许久。

师：那犯罪嫌疑者是谁？

生3：第三只猫。

师："我"为什么怀疑是那只猫？依据是什么？（学生举手积极，抢着要答）

生4：案发后，这只猫"躺在露台板上晒太阳，嘴里好像还在吃着什么"。

师：那案发前呢？

生5：这只猫在案发前似乎就对黄鸟特别注意，常常跳在桌子上，对着鸟笼凝望。这也导致了它被怀疑。

师：对，从文中找出原句。

（学生找出17、18、19自然段，读这三个自然段）

师：这只猫经常对着鸟笼凝望，表现出对芙蓉鸟很感兴趣的样子。"我"妻子也曾说让张妈留心猫，认为猫会吃鸟。于是张妈便常要来把猫"捉"了去。顺便问一下，原文中为什么不用"抱"了去？

生6："捉"表现出粗暴的样子，"抱"表现出喜爱的样子。说明大家确实不喜欢这只猫。

师：有道理。家里人对这只猫本来就不喜欢，有偏见，所以很快认定是它吃了鸟，于是急于去惩治它。怎么惩治的呢？

生7：拿起楼门旁倚着的一根木棒，追过去打了一下，还以为惩戒得不够。

师：可怜的猫！可是"我"的怀疑是正确的吗？

生齐答：不是！

师：事实真相是？

生齐答：鸟是被一只黑猫吃的！

师：从哪知道的？

生8：第29自然段写到"一只黑猫飞快地逃过漏台，嘴里衔着一只黄鸟"，这就很清楚了。

师：所以这起案件是一件……

生齐答：冤案！

师：那么发生冤案的原因是什么呢？

生9：是"我"的过失。

生10：第30自然段"我没有判断明白，便妄下断语……动物"。"我"没有对鸟亡事件做冷静的分析，没有认真地调查研究便草率地做出了判断。"我"对那只猫抱有偏见。

师：是的。现在案情真相大白，同学们都有做侦探的潜质。现在我们再回到那只可怜的猫身上，你觉得假如猫会说话，它会对它的主人说些什么呢？同学们先交流，再请每组推荐同学来朗读展示。

（多媒体投影：猫说冤和怨，联系文本，发挥想象，写出第三只猫在悲楚地叫了一声"咪呜"逃到屋瓦上之后心里的冤和怨）

（三分钟后，学生小组内讨论结束）

师：现在请同学们来说说，来替这只猫倾诉一下。哪个小组的同学先来？

生1：为什么不分青红皂白就下论断，还打我？

师：嗯，在控诉。

生2：为什么不相信我呢？我是无辜的！

生3：你不能平等待我，是的，我外貌不好看，性情不讨人喜欢，又不会做事，便对我有偏见，唉，你要冤枉我，我也没办法。

师：这是一只自暴自弃的猫啊！（学生笑）

生4：搞没搞错！我就是你的出气筒吗？我是来你们家背锅的吗？这么大一口锅，我可背不动啊！

师：这锅背得冤！

生5：这只鸟真不是我吃的！为什么要冤枉我呢？

师：严正控诉。猫的内心独白，都满是委屈、怨恨、控诉。猫对主人有太多不满。那么，这主人呢？他惩戒了猫之后是否就痛快了呢？下面我们来看看文中的"我"在痛打了第三只猫之后的内心世界。

这一环节是本节课的重点，带动学生站在猫的立场去感受人的态度，引导学生去品味作者对第三只猫的感情。假设猫会辩诉，它会对人说些什么。其中探究芙蓉鸟事件始末是重中之重，所以用时最多。学生在这一环节也花了一些时间去讨论、合作、探究。

这一节课注意了详略的安排：前两只猫略，第三只猫详。这样主要是为引导学生去感悟文章的道理做好铺垫。

李小清老师在自主课堂教学时，创设了学生合作对话的平台：站在猫的立场看人，为第三只猫代言。当学生说到不太喜欢第三只猫，而且猫主人的武断还直接造成了它的悲剧时，李小清老师追问："那么，这悲剧源于什么呢？"让学生结合文本当侦探，并在小组合作后展示交流。学生们在平等民主的课堂上讨论热烈，活动参与度高，思维活跃，观点纷呈。在这基础上，教师进一步引导学生："假如那只可怜的猫会说话，它会对它的主人说些什么呢？"让学生进入猫的情感世界。学生在体验中与文本中的猫、社会中的人、自我内心进行多元对话，在对话中读懂文本知识，获得情感体验，提高对话意识及对话能力。

（二）课堂应是引导学生走向知识的场所

教学应该由"知识走向学生"向"学生走向知识"转变。教师所要做的是关注学生的学情，基于学生的兴趣点、疑难点进行追问、点拨，引导学生积极主动交流，发表自己的看法，在获得知识的过程中形成主动的学习态度和学会学习的策略，提升合作对话的意识，培养个性和创新精神。

马晓奕老师执教《变色龙》课堂实录片段

师：同学们，通过语言中的停顿，我们看到了警官奥楚蔑洛夫内心深处对权贵是畏惧的、谄媚的，对百姓是欺压的。此时同学们肯定要说了，一个人称、几个省略号都不能够忽视，更别说是一句话了。那么老师心中有一个疑问："可我还不知道呢！"这句话的言外之意是什么？请小组交流讨论。

生1：他是想说原来他不知道那是将军家的狗，所以才那样说的。

师：哦，是"不知道"。

生2：我觉得是畏惧。

生3：畏惧！是在推脱责任，说明自己不知道，不知者不罪，是对权贵的畏惧。

生4：我觉得"不知道"还有一种言外之意，就是如果他知道了就会去拜访将军哥哥什么的。我觉得在畏惧的同时体现了他攀附权贵、阿谀奉承的性格。

师：你能把这种性格读出来吗？

生试读，师生点评。

师追问1：都说得很好。那如果我们把重音放在"还"这个字上，再来说一说，他的言外之意又是什么？

生5：他想要证明他原来不知道这是将军家的狗，才这样判案的，其实他对将军是很尊敬的。

师追问2：那文章中有其他地方重复了这句话，这样重复有意思吗？

生6：他想要辨明自己对将军是很尊敬的。

生7："可"一方面强调自己不知道，另一方面还有责怪自己的手下不告诉他。

⋯⋯⋯⋯⋯⋯

师：通过这个程度有所加深的重复，我们看到了警官奥楚蔑洛夫对权贵的畏惧、谄媚等，而且是一次又一次地强调，一次又一次地突出，这就是重复的魅力。在警官奥楚蔑洛夫的语言中，重复的不止这一处。下面我请大家小组合作，在文中找出一处重复，看他所要强调的内容是什么，从中我们揣摩一下警官奥楚蔑洛夫有怎样的性格。

马晓奕老师围绕"可我还不知道呢！"这句话的言外之意，让学生展开小组讨论，自己去寻求知识的答案；以"不知道""还""可"为抓手，引导学生去感悟并掌握小说"重复"的阅读策略，并让学生在全文再找重复处进行自主学习。学生在寻求知识的过程中获得知识，提升自主学习能力。

（三）课堂应是探究知识的场所

对于教师来说，知识和方法是课堂教学的两翼，任何一翼都不能偏废。知识的传授应在教师的启发诱导下，以学生独立自主学习和合作讨论为前提，以现行教材为基本探究内容，为学生提供自由表达、质疑、探究、讨论的机会，让学生通过个人、小组等多种形式解难释疑，在知识的探究过程中学会学习，学会主动地吸取知识，从而牢固地掌握知识、运用知识。

《女娲造人》课堂实录片段

师：这篇文章是神话学家袁珂先生根据《风俗通》里女娲造人的故事改编的。改编之后文章篇幅变长，加入了很多想象的因素。文章里哪些情节是作者想象的？你觉得这些情节加进去有什么好处？请同学们先独自思考，然后在小组里互相补充交流。

生1：课文中添加了《风俗通》中没有的女娲和人类的语言、神态和心理，使文章更富有童趣。

生2：从第13自然段可以看出女娲勤劳努力的形象，使女娲在读者心目中更加伟大。

生3：女娲做出的小人一出来就开口叫妈妈，使女娲更富有母性的力量。

生4：通过将女娲造人之前的环境与女娲造人之后的氛围做对比，更加体现出女娲造人前的孤独与造人后的开心。

生5：作者把女娲没有造人之前的心情和造人过程中的艰辛及造人的动作添加进去了，这样使文章更加生动形象，让我们明白女娲造人的艰辛。

生6：从第8、9、12自然段可以看出作者添加了人被造出后欢乐喜悦的场景。

生7：文章加入女娲的许多心理描写，使文章不单调，更丰富了。

生8：作者在第6自然段中加入了自己的语言"说也奇怪"，使读者产生好奇心。

生9：前面同学说了造人方法和造人过程，而我想说的是繁衍生存的方式，在第18段后来她终于想出了一个办法，就是把那些小人儿分为男女，叫他们自己去创造后代，担负起养育婴儿的责任，这里看出女娲极具聪慧。

教师通过让学生把《女娲造人》与课后的《风俗通》进行对比，自己去探究改编的原因，从而使学生在探究、比较、思辨中明白神话想象的魅力，这种感悟远远比由教师传授得来深刻得多。

(四)课堂应是教师智慧展现的场所

自主课堂中，教师的"教"是必不可少的。教师要基于学科的特质，充分发挥自身的智慧，把学生置于教学的出发点和核心地位，应学生而动，应情境而变，从而唤醒教师自身的生命感，唤醒学生潜在的天性与创造力，唤醒文本与知识的感染力，唤醒课堂的精神活力，使"教"的智慧与"学"的智慧相互融合、相互促进。

汪迟老师执教《怀疑与学问》教学设计片段

学习议论性文章，我们还要学习论证方法。顾先生在文章伊始就用道理论证外，借名人之言表达自己的观点。这篇文章除了道理论证外，还用了什么论证方法呢？

预设：举例论证。什么是举例论证，齐读。举例论证是列举典型的、有说服力的论据证明论点的论证方法。

导学：课文列举的三个例子分别从不同侧面证明了论点，请同学们找找作者列举了哪些事例，这些事例论证的角度及各自的效果。

第一个例子是"要探寻明白传说中关于三皇、五帝的记载"，这个例子是从哪个角度论述的？有什么效果呢？

论证效果的表述需要先分析例子，再论述这个论证的分论点。

好，现在小组讨论3分钟，根据刚才的示范修改补充预习单，请同学们分享你们小组填的内容。

	事例	角度	效果
第一处	要探寻明白传说中关于三皇、五帝的记载	历史	说明了历史传说不一定正确，论证了做学问需要有怀疑精神
第二处	要弄清楚"腐草为萤"的原理	生活	说明了生活常识也有谬误之处，论证了生活中也需要怀疑精神
第三处	戴震善于发问，勤于思考	学术	说明了戴震的学问从怀疑而来，论证了许多大学问家都是从怀疑中锻炼出来的
第四处	笛卡儿的哲学建立在怀疑和明辨之上	哲学	说明了笛卡儿的哲学从怀疑而来，论证了许多大哲学家都是从怀疑中锻炼出来的

预习单中大家找出了四个例子，老师的这道题目可是从作业本上照搬照抄过来的，作业本上却只画了三行空格。第四个例子到底需不需要？作业本可是浙江省教育厅教研室编写的，这可是权威啊。第四处举例论证就不用加上去了。把文中笛卡儿或戴震的例子删掉。你同意老师的观点吗？说说你的理由。

题目设计上是合理的，笛卡儿和戴震都是名人的事例，都是为了论证论点，不能删除。

预设：不同意。

（1）论证了"许多大学问家和大哲学家都是从怀疑中锻炼出来的"。

（2）四个例子从历史、生活、学术、哲学四个角度论述，角度丰富。

（3）古今中外，不同领域，论证了做学问必须要有怀疑精神。

小结：是的，议论要言之有据。这个"据"不仅要与观点保持一致，还要注意材料的丰富性。我们一起来看"写作"部分"要增强文章的说服力，还要注意材料的丰富性"。这里的"丰富性"就是指选择事例的角度要丰富，古今中外、不同领域都要有。文中既引用笛卡儿的名言，又列举笛卡尔的事例，大大增强了文章的说服力。

当学生按照预习单要求在文章中找出四个事例后，教师抓住《语文作业本》中表格只有三个的问题，马上进行追问：为什么是这样的？难道《语文作业本》编写有问题？教师的这一追问非常有智慧，马上把问题指向论点与论据的论证关系上，引导学生在讨论中明白议论文选择论据的指向。教师"教"的智慧充分在这追问中体现，并且与学生的"学"无缝融合，促进学生深入思考，提升学生阅读能力。

三、遵循"四个原则" >>>>>>>

（一）主体性原则

教学过程中"谁是主体、谁是客体"一直是教育界争论的话题，目前有三种观点：教师主体观、学生主体观、学生主客体双重性观。本书认为应是另一种观点——双主体观。师生都是教学过程中的主体。从教授过程来看，教师是主体；从学习过程来看，学生是主体。两个主体可能同时并存；并且，主客体间互为前提，相互转化。教学活动就是一个客体到主体、主体到客体不断转化的过程。进行课堂教学时，教师不再是唯一的认识主体，学生也不再是单一的认识客体，两者都同时具有主体和客体的双重性。这就要求教师在教学方法方面充分发挥主导作用，变灌输为启发引导，把课堂教学变成一个不断提供信息、分析信息、评价点拨、及时调节的带有意向性的连续的认识过程，让学生主动地不断积累有效知识，充分挖掘潜能。同样，学生在课堂学习时，应积极主动地向教师、同学展示或提出质疑，并就自己想知、未知的内容进行自主探究，通过师生共同合作、平等对话、自主探究共享经验知识，实现自我发展。

在教师教之前学生独学时，教师仅是学生自学时的指导者；在课堂教学时的小组合作、对话探究中，教师也只是学生获得知识的参与者、帮助者，学生才是学习的主体。当然，强调学生的自主发展，并不是放任其自由发展。当学生自学后解决不了问题、对话与探究难以进行下去时，教师要基于学情，想方设法为学生创设自主学习环境，并要充分考虑解决学生自主活动过程中的问题的对策，讲授一些相关知识与策略。此时教师的"教"是主体，学生的"学"是客体，这一"教"是建立在学情基础上的"教"。

（二）民主性原则

在课堂教学时，教师应把学生看作一个个具有丰富思想和鲜活个性的人，关注学生不同的潜能，尊重学生的自学体验，允许和鼓励学生提出疑问和不同见解，把他们当作与自己共同探索真理的伙伴。只有这样，学生才会把教师视为自己成长道路上值得信赖的引路人，才会向教师敞开心扉；师生间才会有真正的对话。正如苏联学者雅各德钦所说，教师在课堂上重要的是创造一种生动活泼的课堂气氛，使学生感到没有思想负担，大胆地、无拘无束地讨论问题，论证自己的观点，学会证明和反驳。实行民主，给学生自由，有助于学生在这种民主、自由、平等、和谐的教学环境中充分发挥主人翁精神；有助于全面提高教学质量，开发学生潜能。[1]

（三）开放性原则

在自主课堂中，学生在和谐、轻松的环境中培养兴趣，大胆交流；学生的学习内容不拘于教材和教师的经验，可以与教材、课外阅读、网络资料等有机融合；学生的学习方式是多样的，可听，可读，可唱，可进行项目化学习，可合作对话；学生思维能力的培养形式更是多样的，在自主课堂中实现跨学科思维、工程思维、创新性解决问题思维等能力的培养。教师应创设开放的时空，创设自主学习的情境，设计开放的活动平台，给予学生提出对话探究问题的时间与机会，满足学生质疑反思的需求，进行包容性的相互点评，完成基于不同学情的开放性分层课后

---

[1]　参见彭涛琅、苏宏：《特级教师全书》，852～866 页，北京，中国社会出版社，1999。

作业。当然，开放并不等于放开、放任，开放应在育人理念、课程目标、教学重难点、教师指导策略下有目的、有方向地开放，这样才会使学生更有效地自主学习。

(四)反馈性原则

反馈性原则是指在教学过程中，教师和学生要从教学活动中及时获得反馈信息，及时调节和控制教学活动，提高教学效率。学生在自主学习时，根据自身水平，把预习所得及困惑写在预习单上，便于在课堂上询问，也便于教师掌握学情；在课堂上要进行自我监控，根据所学程度不断调整自身学习策略，促进学习有效推进；在课后要进行梳理、总结、反思、评价、练习、巩固，在明确不足中自主地再学习，提升自我反馈调节能力，增强学习主动性。教师要基于学情反馈随时调整教学策略及方法，在点评、追问中引导学生深入思考，给学生以铺垫，实现教学的有效性。

综上所述，自主课堂就是教师积极创设有利于激发学生自主学习的课堂情境，让学生在独立中自主学习，开展自主合作、对话，在质疑、反思中自我调节学习策略；基于学情，创新适应学生自主学习的教学方式，创设交流平台，引导学生自主探究，实现学生自主学习的一种课堂教学操作样式。

当然，自主课堂的实施还要依靠学校的支持。学校只有以自主课堂为核心，对学校整体工作进行顶层设计，从学生发展、班级管理、师资水平、校园自主文化建设等方面营造学生自主发展的氛围，才能使学生在自主课堂中实现学习自主，成为拥有终身发展能力的自主学习者。

第三章
自主课堂的操作样式

　　20世纪初，自由教育学派的代表人物、意大利教育家蒙台梭利提出建立新型的师生关系。她认为，在教育活动中，儿童是主体和中心，教师是儿童活动的观察者和指导者。教师必须最大限度地限制自己的干涉；同时在儿童的自我教育中，又必须不使他们因过度努力而感到疲倦。

　　随着教育思想变革的逐渐深入，人们越来越强调"以生为本"理念，帮助学生树立主体意识，发展主体能力，塑造独立人格，即引导学生自主学习，培养他们自主学习和终身学习的能力。

　　自主课堂是什么样的？它不是以教为中心的课堂，而是自主、探究的课堂，是协同、对话的课堂，是自我反思、建构的课堂。知识掌握、情感体验、价值浸润、思维提升、意义建构，都是课堂学习的目标与任务。

　　德国教育学家第斯多惠说过："教育艺术的本质不在于传授，而在于激励、唤醒和鼓舞。"学生是学习的主体，教师是学生学习的辅助者。当代教育必须关注学生潜能的唤醒与开发，促进其自主发展；关注学生知识与技能、情感态度与价值观的和谐发展，助其全面成长；关注社会发展要求及学生自身发展需求，促进其有个性地发展；关注学生终身学习能力的培养，促进其可持续发展。

在课堂教学中，教师要抓住学生是学习的主体，让学生动手、动口、动眼、动脑，使学生积极参与教学活动，自主地投入教学过程，品尝获取知识的愉悦；要诱发学生学习的主动性，通过提问和启发，使学生产生积极的心理情感，从各种不同的角度去分析、思考、探求问题，形成为实现教学目标而努力的自觉态势。

第一节

自主课堂操作流程

2006 年，美国教育学者霍尔特和凯斯尔卡从样式的角度来研究教学过程。他们认为，有效的教学通常包括许多复杂的样式。样式存在于课堂教学的每个活动中，是一种求知的方法，一种组织和信息分类的方法，也是一种思考和决策的方法。在课堂中，教学内容通过教材和教师认为的样式来组织，教师根据自己组织内容、呈现内容的样式来组织课堂进程及内容，学生也在教学样式中逐渐形成自己思考、组织和学习的样式。教学样式就是在一定的教学理论指导下，根据一定的教学目的所设计的教学过程结构及其教学策略体系，包括教学过程中诸要素的组合方式、教学程序及其相应的策略。

建构教学样式的目的是更好地促进教学实践。一种教学样式是否有用、好用，离不开实践的检验。教师应将建构的教学样式反复用于课堂教学实践，并根据教学评价理论，从教学目标、教学结构、教学程序、教学策略、教学方法等方面进行综合分析与检验，以现代教学理论、学习理论等为指导，将其应用到课堂教学实践中，取其精华，去其糟粕，使其不断完善。[①]

自主课堂的教学样式其实就是教学理念、教学结构和教学策略的体现。我们所提倡的自主课堂就是基于以生为本、以学为中心的理念，基于学情的有效教学结构与教学策略的体现。

那么什么是学情呢？学情应包括三个方面：第一，学习起点，主要是指学生在进行课堂学习时的基础、需要与准备，这是课堂教学的起点；

---

① 参见申铁：《教学样式：教学研究的新视角》，载《中国教育报》，2012-12-19。

第二，学习状态，主要是指在课堂教学过程中通过师生互动体现出来的学的基本状态，包括师生问答、小组讨论、班级讨论、独立学习等课堂活动中学的状态，既指学生在课堂上表现出来的外显行为，也指与外显行为相关联的内隐学习状态；第三，学习结果，主要是指学生在课堂上的学习结果，即学生通过学习活动实际所形成的作为结果的学习经验。

因此，自主课堂的操作流程其实就是围绕关注学生的学习起点、学习状态和学习结果三个方面来展开的。

关注学生的学习起点，说到底是关注学生独立学习的原初体验。这个原初体验是非常可贵的。关注学生的学习状态，可以掌握学生理解与思考问题的过程。这个过程包括学生对交流、对话核心问题的聚焦点，学生小组合作和展示中思辨性、互动性、思维能力的形成，还有学生情感体验与语言品味的深度与高度等。关注学生的学习结果，关注学习目标实现过程中的学习反馈，可以准确把握学情，提升学生学习素养。

这三个关注点相互独立又互为因果，不能简单地分割。将这三个关注点的相互关系与课堂流程设计如图3-1所示。

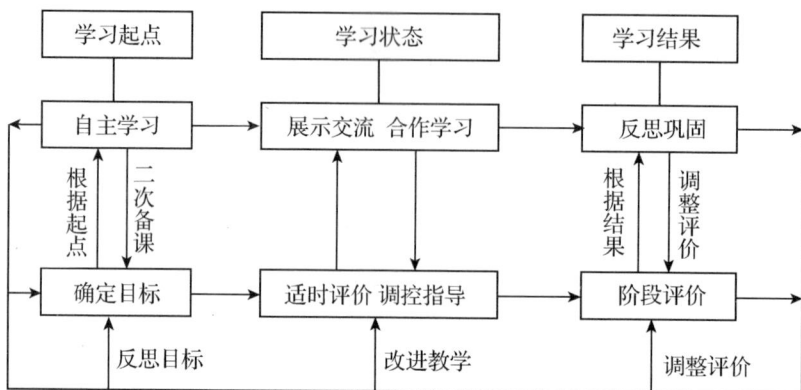

图 3-1　自主课堂操作流程图

自主课堂可以分解为三个方面，即学习起点、学习状态和学习结果来操作。这三个方面其实正涵盖了课堂教学的起始、上课与评价的全部内容。

三个方面又由学生的"自主学习—展示交流、合作学习—反思巩固"三个环节，教师的"确定目标—适时评价、调控指导—阶段评价"三个环节组成。学生的三个环节和教师的三个环节构成了课堂中相应流程，也是自主课堂的核心样式。

自主课堂的操作样式为：自主学习，确定目标；展示交流，合作学习，适时评价，调控指导；反思巩固，阶段评价。

因为学科不同，课型不同，教师的教学风格、教学水平和对教材的解读不同，所以我们的自主课堂以"自主、合作、探究"为三大教学理念，把操作流程表述简化为"自主学习—合作交流—反思巩固"，在课堂评价上重点关注学生的参与状态(态度、广度、深度)和达成状态(目标达成度)，关注师生互动平台设计的合理性与师生民主、平等的交流。

一、自主学习 >>>>>>>

在自主学习环节，学生根据教师编制的预习单与教材自主对话，进行独立学习，按照预习单的学法指导完成预习单，并写下自己的困惑处或疑难处。教师要高度重视学生自主学习的深入程度，在学生自主学习的基础上检查批改，了解学生已掌握哪些内容，对哪些内容感兴趣，对哪些内容还很困惑。教师根据预习单中的静态学情，反思教学目标的有效性与科学性，并根据学情起点进行二次备课，对教学内容进行有效取舍，选择合适的教学方式搭建切实有效的活动平台，使教学更贴近学生学情，这是非常必要的。

二、合作交流 >>>>>>>

在合作交流环节，学生根据自学中产生的困惑，或者根据教师提炼出来的学生共性的静态学情问题，开展小组内交流展示，并进行组间对话质疑；或认真倾听师生发言，并在教师的有效点拨、引导下及时调整学习策略，进行再对话或自主探究。教师根据学生即时学习状态，适时评价、调控、指导，并随时调整教学内容和方式，提高学生合作、对话的有效性，促进学生深度自主学习。

三、反思巩固 >>>>>>>

在反思巩固环节，学生根据课堂所学进行自我反思或自我总结，并在作业检测练习后再反思、总结、调整，进行再探究、再学习，甚至拓展到课外学习，进一步巩固所学。教师根据学生总结反思、检测结果来评估学生的学习结果，调整评价要求，对整个教学计划做目标反思和教学改进。

值得注意的是，整个大框架是一个大循环，即通过最后的教学评价改进教学，使每一名学生都能获得成功。每一对应的环节又是一个小循环，自主课堂每次教学环节的变动与推进都必须基于学情。例如，第二对应环节里也有评价，这个评价是指上课时教师随时注意学生的学习状态，通过某一课堂小评价发现学生存在的问题，随时处理并调整上课的计划与内容，使学生能很好地达成学习目标。

第二节

分析学习起点，确定教学内容

　　自主课堂教学需要把握学生学习起点与教学目标的关系。对于学生需求的了解，教师不能随意或凭经验去处理，而要有具体可行的手段促使学生去操作、思考。采用预习单等前置性学习的形式了解学生的需要，这是非常有益的。预习单的制定是基于对学生学习起点的了解，教学目标的确定必须基于学生的学习起点。这样才能真正地了解学情，有效确立教学目标。

　　学生学习起点的把握是任何教学活动的起点。没有学生预习的教学，其效果总是不尽如人意的。我们特别关注这一阶段的学情，并试图以"基于对学生学习起点的了解、基于学生学习起点确定教学目标和内容"两个方面来为课堂教学定目标。前者侧重了解学生自主学习后的学习起点；后者侧重如何针对所了解的学情来调整自己的备课目标，即开展"学习起点"的第一轮循环：教师备课后，根据学生自主学习进行二次备课，重新确定教学目标。

　　在学生完成预习单后，教师应对学生所做题目的情况进行深入分析，掌握学生的着眼点、认知点和发展点，然后进行教学内容的选择，根据学情来确立教学目的、重难点，进行教学流程的设计。

一、分析学生的兴趣点 >>>>>>>

　　动机是激励人去行动，以达到一定目的的内在因素。动机产生于人的兴趣和需要。课堂教学的对象是活生生的学生，学生是学习的主人，教会学生学习是教学活动的核心。教师所追求的教学目的和要求，必须通过学生的学习活动来实现。因而，要获得课堂教学的成功，教师就要认真分析、了解学生的心理需求，想方设法启动学生的内驱力，并采取各种有力措施，把学生的兴趣和需求纳入合理的轨道，以调动学生的学习积极性，使学生由"要我学"转变为"我要学"。因此，教师在分析学生预习单时，应找准学生的兴趣点或着眼点，依据这些来选择教学内容。这样，学生对所选内容产生了学习兴趣，形成了内在的需要和动机，具有达成目标的主动性，教学目标的实现才有保证。

在《孔乙己》预习单"你最感兴趣或最关注的是孔乙己的哪方面？"一问中，大多数学生反馈是对孔乙己的"手"感兴趣。于是教师就舍去了孔乙己的"脸色、笑"等细节分析，也舍去了写法与环境描写的讲解，选取了学生感兴趣的"手"进行教学设计，从"长指甲、罩、排、摸、走"等有关手的词句中让学生去感悟"长指甲"中的懒惰与迂腐，"罩"中的善良与不幸，"排""摸"中的冷漠生存环境与艰难生活，"走"中的尊严丧失与悲惨结局。

二、分析学生的认知点 >>>>>>>

教学设计理论强调教学设计要从分析学生的起点能力入手。在教学设计中，教师只有了解学生的现有状况，才能提出切合实际的教学任务与具体目标，选择恰当的教学策略和教学方法。起点能力是学生习得新能力的基础，很大程度上决定教学的成效。与智力相比，起点能力对新知识的学习起着更大的作用。当学生的学习处于一个连续的过程中时，起点能力实际上就是对学生学习新知识的能力产生重要影响的先决条件。起点能力与教学目标之间的相互依存关系对于教学的成功与否有着至关重要的作用。因此，对学生的起点能力的研究尤为重要。

教师在对《心声》预习单进行深入分析后，发现学生知道了故事情节；知道了李京京的心声是渴望朗读，渴望回到乡下爷爷那里；也知道写《万卡》是为了把自己与万卡的相似命运联系。这些都是认知起点，是学生已经掌握的知识。但是学生对李京京渴望朗读背后的深层含义的理解有些模糊；对李京京压抑、痛苦和无人理解的生活环境缺乏共鸣；更不理解李京京读《万卡》是现实世界无法理解、体谅、同情李京京时，他将万卡当作自己的一个影子，他的朗读意义不在于课文本身，而是李京京突破自我心理障碍的一道封锁线，是李京京走向自信勇敢人生的动力。这些是学生目前没有掌握的知识点。

为此，教师根据预习单的学生反馈情况，在教学内容的选择上采用了舍弃情节讲解，淡化李京京希望得到同学、老师的理解、肯定和尊重，渴望得到家庭温暖的主题，选取了李京京在误解、不信任的生活环境下极度自卑、痛苦与压抑的内心世界，让学生真正感受到李京京内心的痛苦。这样集中讲学生不懂之处，避免了无效教学，从而提高了课堂实效。

三、分析学生的发展点 >>>>>>>

维果斯基将学生在教师的指导下所能达到的解决问题的水平与在独立活动时所达到的解决问题的水平之间的差距称为"最近发展区"。只有针对"最近发展区"的教学，才能促进学生的发展；停留在"现在发展区"或远离"最近发展区"的教学，只能阻碍学生的发展。因此，只有全面分析预习单，找准不同层次学生的不同"最近发展区"，确立不同学生在课堂教学中的不同发展点，才能更为有效地开展教学，使每一名学生都能获得发展，从而实现课程改革目标。

如根据《孤独之旅》预习单的反馈情况可以看出，不同学生的"最近发展区"是不同的。一些学生的发展点是选取作品的成长主题；一些学生的发展点是在人物形象和感情理解的基础上选取人物思想情感变化的必然性和必要性及曹文轩小说诗意的语言风格。

有句话说，"跳一跳，摘好桃"。教师要分析预习单中学生不同的"最近发展区"，确定学生的不同发展点，让所有学生都始终处于旺盛的求知氛围中，并从解决问题过程中得到成功的快乐，保持持久的学习兴趣，克服厌学的情绪。

又如《一滴水经过丽江》的作者是茅盾文学奖获得者阿来，这是作者受人之托写的一篇适合中小学生阅读的游记散文。对于八年级的学生来说，阿来这个名字可能还有点陌生。基于此学情，陈成老师在预习单"自学程式"的资料链接中提供了"阿来"及其"丽江之缘"的相关介绍。对于学习游记，梳理游踪、了解景物特点是基本。因此，在预习单"感知课文"部分，陈成老师设计了两道题目：一是"从时间、空间两个角度，用表格、树状图或思维导图的形式，自主梳理'一滴水'的旅程"；二是"为文中提到的丽江古城的景物做批注，用几个词或一句话概括其特点"。这两道题目的设计是对学生自主学习游踪散文阅读能力的检测，符合文体阅读起点和八年级学生的认知起点，也是教师了解学生把握情节内容的程度及言语品读能力的依据。

从学生预习单的作业反馈来看，学生已经学会了用圈画时间、地点等关键词的方法厘清游踪，并结合自己的理解创造出了形式各异的"一滴水"的生命旅程。在为景物特点做批注的过程中，他们对文本的诗性语言特质也有了初步感悟。因此，陈成老师调整原来的教学设计，对"梳理游踪"模块在教学中简单带过；将诗性语言品味作为一个教学难点，进行反复打磨。

在预习单的"质疑问难"部分，有一半以上的学生提出了一个问题——"文章为什么以'一滴水'的口吻来写丽江的景色"。这就涉及游记中"人称"和"视角"的问题，也正是本文的一大匠心所在。陈成老师在教学时，就借助教材中的助学系统（"支架"）来解决。

那么，何为教学"支架"？《一滴水经过丽江》是部编版教材中的一篇自读课文，自读课的最终目标是让学生获得自主阅读的能力。为了实现这一目标，编者构建了一套完整的助学系统：单元提示、阅读提示、注释、练习等。这些可被称为教学"支架"。

《一滴水经过丽江》文后阅读提示写道："作者以第一人称写这滴水的旅行，从古代到现代，从雪山到平原，全方位多角度地展现了丽江的自然景物、人文风情，构思新颖，视角独特。"这段文字中有两个关键词——"构思新颖""视角独特"。预习单中学生的提问恰恰提示教师，他们在课前已经能通过自己的自主预学及阅读经验，对文本内核有敏锐的感知。这种自主性、自觉性为自主课堂教学过程中的"合作探究"提供了前提。因此，在课堂教学中，教师便将这一问题设计为一个教学重点。

以"品读视角"环节为例，教师针对预习单中学生的提问设置了一个合作探究活动，即"作者以'一滴水'贯穿全文，这样写有什么好处"，以此展开生生、师生之间的对话。讨论之前，教师让学生关注课后的"阅读提示"，学会自读课的学习方法。小组讨论的过程十分热烈，通过组内头脑风暴，学生们的回答思路开阔。有的提到了拟人修辞的妙处；有的提到了水与丽江的联系，即丽江景物多与水有关；有的从水的灵动、自由想到了行文的流畅通达，已经开始关注写法了。此时，教师让学生再读

"阅读提示。"学生关注到"构思新颖""视角独特"这些关键词时，也便进一步感受到了作者谋篇布局的匠心。文章通过"一滴水"的视角，贯通古今，巧妙地串联了时空，将丽江的前世今生生动地展示在读者面前。为了引导学生更深入地理解作者的创作心迹，了解游记背后的故事，教师引入设计好的材料链接，展示作者在新浪博客中所写的一段话。其中作者提到丽江是"很不好写"的文字，又考虑到读者的阶段性特征，基于这种写作目的和读者意识，这才有了"一滴水"这一独特视角和新颖构思。教师对学生学习起点进行分析，来确定教学起点。这样的起点更有利于学生接受，有利于提升教学效果。

　　总之，在自主课堂教学中，学生是学习的主体，这就要求教师通过预习单的前置学习，更好地把握学情起点，了解学生的"无疑"处和"有疑"处。"有疑"处往往是学生的兴趣点和思考点。利用好这点有利于教师明确教学重难点，自主地选择教学内容，有的放矢地进行教学设计，从一定程度上避免教学低效。教师尊重学生的疑问，在课堂中创设交流平台，始终做一个导引者，做到"不愤不启，不悱不发"，时刻让学生在场，让学生积极地参与到课堂中来，在合作对话中质疑反思，这正是自主课堂的一大特点，也是教师准确评估学情、设计高效课堂的重要津梁，更是学生掌握阅读方法、提升阅读能力的有效路径。

关注学习状态，调整教学方法

这里的学习状态是指课堂教学过程中学生的学习状态，即动态学情。教师在复杂多变的课堂环境中，不仅仅是一位知识的"呈现者"、对话的"发起者"、学习的"指导者"、纪律的"管理者"，更要深度关注学生，根据学生在课堂中的学习状态重组课堂教学内容，从而提升学生的学习能力。

从第二阶段的学习状态来看，课堂教学的目的是充分让学生展示交流、合作学习。在学生活动中，教师通过学情的需要适时评价、调控、指导，从而更好地提升学生的学习效率。展示交流是课堂教学活动的重要组成部分，站在学情观察的角度看，教师如何观察、发现问题并及时调控更是重中之重。否则空有学生活动而教师置身其外，就失去了学生展示交流的意义。

教学观察的重点是教学中学生的学习状态。孔子说过，"不愤不启，不悱不发。举一隅不以三隅反，则不复也"，这里的"愤""悱"其实就是即时的学生学习状态。可见学习状态的观察正是传统教育中的精髓所在。

李银萍老师《特殊平行四边形的判定定理》数学课堂实录片段

如图 4，$\triangle AEF$ 中，B、C、D 分别为各边中点，请添加一个条件，使四边形 $ABCD$ 为菱形。

师：这是预习单中的第 2 个问题，谁愿意来给大家分享一下你的答案？

生 7：$AB=AD$。

师：你能简要说明一下理由吗？

生 7：前面已经证明了四边形 $ABCD$ 是平行四边形，依据一组邻边

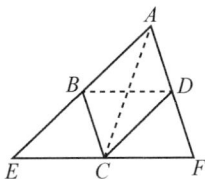

图 3-2 图 4

相等的平行四边形是菱形可以判定四边形 $ABCD$ 为菱形。

师：你还有其他添法吗？

生 7：$AC \perp BD$。对角线互相垂直的平行四边形是菱形。

师：谢谢。×××同学直接从四边形 $ABCD$ 入手，根据 2 个判定定理，在邻边或者对角线上添加条件，非常直接、简单。有没有同学间接地添加难度稍微大一点的条件，如从△AEF 入手？

生 8：我添的条件是 $AE=AF$。

师：能简单说明一下理由吗？

生 8：因为 B、D 分别是 AE、AF 的中点，所以 $AB=1/2AE$，$AD=1/2AF$。当 $AE=AF$ 时，$AB=AD$，后面就跟×××同学说的一样了。

生 9：也可以添 $AC \perp EF$。BD 为中位线，平行于 EF，$AC \perp EF$ 的话就能推出 $AC \perp BD$。

变式 1：添加一个条件，使四边形 $ABCD$ 为矩形。先独做，然后小组内合作，最后组间展示。

师：有了前面的经验，相信大家的思路肯定有很多吧。哪个组来跟我们分享一下？

生 10：$\angle EAF=90°$，有一个角是直角的平行四边形是矩形。也可以添 $AC=BD$，对角线相等的平行四边形是矩形。

师：还有吗？

生 11：△AEF 是直角三角形。

师：同学们，你们觉得这种添法可以吗？

生 12：不行，△AEF 是直角三角形没有说明哪个角是直角。如果 $\angle E$ 或者 $\angle F$ 是直角，那就不能推出四边形 $ABCD$ 是矩形了。

师：数学需要严谨地考虑问题，非常棒。那还能间接地从△AEF 入手添加条件吗？

生 11：那可以改成 $AE^2 + AF^2 = EF^2$，利用勾股定理推出 $\angle EAF = 90°$。

生 13：可以添加条件 $AC = 1/2EF$。

师：这个条件有点新颖，能帮我们推推看吗？

生 13：BD 中位线，所以 $BD = 1/2EF$，这样 BD 就等于 AC 了。

师：原来又回到对角线相等了，殊途同归啊。非常棒！

变式 2：如何才能使四边形 $ABCD$ 为正方形？先独做，然后小组内合作，最后组间展示。

生 14：$AB = AD$，$\angle BAD = 90°$。一组邻边相等，且有一个角是直角的平行四边形是正方形。

生 15：$AB = AD$，$AC = BD$。$AC = BD$ 可以推出是矩形，$AB = AD$ 可以推出是菱形，既是矩形又是菱形，所以是正方形。

师：正方形既是特殊的矩形，又是特殊的菱形，我们可以根据这个理论来进行判断，非常棒。只是几何证明的过程需要严谨，需要有据可依，所以推理的时候只能根据 3 个判定定理，即平行四边形法、矩形法、菱形法来判定正方形。同学们注意了。

生 16：$AC \perp BD$，$\angle BAD = 90°$。

师：同学们的思路已经完全打开了，看来大家已经掌握了三种判定特殊平行四边形的方法了。

特殊平行四边形的判定定理是本章的重点，学生容易混淆。李银萍老师对这道题的设置采用开放式提问，在落实菱形判定定理的同时，让不同层次的学生都能有所思考，有所发展。根据学生上课的反馈来看，对于单纯地解决这道题而言，难度不大，几乎所有的学生都能解决，所以采用课前独立完成、课上直接展示的方式。而对变式 1、变式 2，一方面可以巩固学生对矩形、正方形的判定定理的认识，另一方面也是学生在展示完题目之后的一个实战演练。题目有一定难度，有的学生出现了错误。因此，教师根据学生学习状态，调整教学方法，采取"先独做、再合作对话"的方式，让学生在学习共同体的交流合作中打开思维，答案也更丰富多彩。在变式 2 中，基于学生上课的动态学情，教师调整教学方法，专门强调推理时应依据三个判定定理，也为环节 3 做了铺垫。

根据陈隆升教授的观点，学习状态的关注点可以确立在学习需要的满足程度上。未满足学习需要，学生会呈现不好的学习状态；满足了学习需要，学生会呈现较好的学习状态。陈隆升教授认为，课堂中的学习需要满足一般可以分为"满足驱动力的需要"和"满足目标策略的需要"两种。我们提出的二次备课的原则，正是从学情的角度去把握学生学习驱动力的需要，同时将目标策略需求在教学中得以落实。好的课堂正是将这两方面有机融合。事实上，以二次备课为原则的课堂教学目标还不完全代表一节课里可以足够满足学生的驱动力需求。如果教师不随时关注学情的变化，不能根据学情的变化随时改进自己的教学手段与方式，那么学生的驱动力需求与目标策略需求同样无法落到实处。

那么教师在具体的课堂教学中，如何通过有效关注学情来调整教学方法呢？具体有以下五个做法。

第一，依据学生自主回答选择教学内容

李镇西老师在教学《山中访友》时提出了两个问题——"读出自己，读出问题"，根据学生自主提出的学习问题，解决学生的未知处，让学生真正成为学习的主人。

第二，找到学生疑问与教学预设的切合点

马骉老师在教学《河豚子》时，先让各小组展示读了文章后的疑惑，然后根据学生的想知处，找到与预设的切合点，提炼出 4 个问题。第一，从小说哪些地方可以看出当时的灾荒很严重？第二，父亲为什么用这种方式让家人结束生命？父亲是个负责人的男人吗？用文中的词句来回答。第三，是什么使他们全家最终免于一死？第四，灾害这么严重，为什么小说没有写到政府的救济，统治阶级干吗去了？一节课就围绕这 4 个问题来进行教学。

第三，根据学生展示随机调整教学

俞志涛老师在教学《雨说》时，让学生通过小组内合作，讨论这场雨如何点亮孩子们的内心，然后把各组答案用磁板贴在黑板上展示，根据学生展示随机调整教学内容，或先讲第五节，或先讲第七、第八节；对"押韵、关键词品味、重复"等写法，根据学生的品味，不着痕迹地顺势而为，从而满足了学生的学情需求。

第四，针对"学情估测"与现实的差异做出调整

张春晓老师在教学《罗布泊，消逝的仙湖》时，在学生只知"四盲"原因后即兴追问：能否去掉"盲目"？为什么？基于学情，在调整教学策略后，使学生能从"四盲"背后看到人类的环境意识与责任意识。同时，针对学生对文本理解浅薄，仅停留在作者的痛惜之中，产生要保护生态环

境的意识，但缺失家园意识这一现状，调整教学设计，生成两个设计中没有的层递性问题：消逝的仅仅是一个湖吗？我们消逝的难道仅仅是罗布泊吗？从而在关注学习状态中改进教学方法，提升学生对"家园"主题的深刻理解。

第五，根据学生注意状态、情绪状态调整学习环境

汪迟在教学《长江源头格拉丹冬》时，遇到学生不知道"同样的冰塔林，同一双眼睛，冰塔林有时是雄奇的，有时是千姿百态的，为什么会有这种差别?"甚至不愿合作交流的情况。面对这种现象，汪迟老师随时关注并适时介入，给学生点拨提示，并提供给学生阅读支架，让学生运用比较的方法重点关注作者笔下同一景物因欣赏的位置、欣赏的角度不同而呈现的不同特点，从而深入感知作者在游程中目睹的风貌；同时，表扬鼓励学生，组织小组内继续讨论，让他们在民主、和谐、平等、尊重的学习氛围中及时调整学习状态，享受学习带来的快乐。

第四节

评价学习结果，改进教学策略

课堂评价是教师在自主课堂教学中，为促进学生学习和改进教学，通过收集、分析学生学习的相关信息并做出解释和反馈，判断学生学习情况并做出教学决策的过程。研究表明，促进学生学习主要是通过课堂评价来实现的，恰当的课堂评价可以提高学生学习成效。当然，"适合学生发展的评价才是最好的评价"①，课堂评价的根本目的是促进学生的发展，课堂评价的目标定位应当体现发展性原则。评价学习结果必须立足学生，体现学生的主体性、自主性，从而实现以评促学，提升学生的自主学习能力。

学习结果主要是指学生通过课堂学习后所形成的学情变化的成效。学习结果可以通过口头呈现，也可以通过书面呈现。教师可以通过这些不同的呈现方式对学生的学习结果加以评价，为接下来的课堂教学提供学情分析的基础，改进课堂教学，有针对性地提升学生的自主学习能力。

自主课堂评价必须贯穿课堂教学的全过程，评价要成为改进教学目标、满足学生学习需要的手段。因此，在教学中要考虑将课堂教学分成几个节点，每一个节点(或者某一教学活动结束之际)应当有适当的评价手段来调控，从而根据学生的实际获取能力，为下一步开展活动提供依据。这样，学情反映的更及时，也更为有效。

---

① 王祥：《关于"适合的教育"的两点思考》，载《教学与管理》，2018(15)。

据此，我们可以将评价分为两个层面。第一个层面是指一堂课结束，或一个单元、一个教学阶段(期中、期末)结束时的学习检测。这个检测更多的是从外部考试评价来进行的，从评价引领课堂教学的角度来说，可以检测学生阶段性学习的成果。第二个层面是指课堂教学内容的评价，这种评价是课堂教学的有机组成部分，更多的是通过评价的调节反馈功能和评价的展示激励功能来呈现的。全面的评价不仅能检测实现教学目标的程度，而且能解释成绩不良的原因。评价的检测诊断功能由此达成。

课堂教学的任何阶段都离不开评价。其实学习起点中二次备课既有对学生预习状况的诊断，也有教师自身教学任务的调节。在学习状态环节中的适时评价更需要教师在评价中了解某一阶段学生的学习结果，通过反思调整改进，使学生在任务完成时能更好地呈现学习结果，从而使调节反馈功能的评价和展示激励功能的评价更具有及时性，更具有实用意义。

自主课堂的评价手段不仅指课后作业评价，还包括自我反思、自我总结、上课发言、课后的社会实践，甚至包括阶段性检测等。具体操作方式有以下四种。

一、基于学情的评价量表评价 >>>>>>>

一些作业缺少与课堂教学目标及内容的联系，常常独立于课堂教学之外。学生往往为"做作业"而"做作业"，教师往往为"改作业"而"改作业"。学生的自主学习能力提升不明显，作业的评价功能严重缺失。评价量表作为一种及时有效的评价工具，能较好地解决以上问题。

评价量表是一种评分工具，描述的是对某项任务的具体期望。教师在教学设计阶段就要对学习任务的具体细节及对学生的学习结果进行量化设计的构思，在课堂教学中再与学生一起共同构建评价量表。

表 3-1 是汪迟老师在《西游记》书册阅读指导课上与学生一起建构的《西游记》读书活动个人评价量表。

表 3-1 《西游记》读书活动个人评价量表

阶段	主题	要求	分值	自评	小组评分
（一）	初读与感悟：走近《西游记》	按时完成阅读计划	10		
		内容概括简洁	10		
		有疑问或反思	10		
（二）	细读与分享：《西游记》读书报告会	表达主题鲜明，引用书中内容恰当，有具体分析	10		
		演讲声音响亮、清晰，能脱稿展示	10		
		PPT 文字清晰，色调合理，大方美观	10		
		小组分工明确，组员参与度高，合作度高	10		
（三）	研读与表达：《西游记》阅读感受	观点明确	10		
		论证材料翔实	10		
		语言简洁流畅	10		
	附加分	在校内外刊物发表或获奖	10		
总分			110		

教师在《西游记》书册阅读的教学设计时就开始思考各个环节对学生的要求，接着针对重要环节列举具体的要求，把相似的要求放在同一纬度栏中。然后教师带着这一评价量表的设想与学生共同探讨，补充学生提出的相关内容。最后《西游记》读书活动个人评价量表就出炉了。通过这一评价量表，学生对《西游记》书册阅读的每个环节的作业内容及作业所要达到的目标非常明确，学生的学习结果都能反映学生对学习内容的掌握程度。

对学生而言，首先，评价量表能帮助学生获得即时详细的反馈。只有在完成任务后尽快得到反馈，反馈才能最有效地帮助学生在后续活动做出积极的改变。随着从完成任务到给予反馈时间间隔的延长，反馈的价值不断下降。比起最终的分数，详细的评价能让学生知道哪些正确的做法需要保持，哪些错误的做法需要改善。其次，评价量表能培养学生的批判性思维。案例中，教师在书册阅读活动之前对评价量表展开课堂讨论，并将师生讨论之后的评价量表作为最终的评价量表投入实践。对评价量表的设计，特别是多维度的设计都是以明确的方式对批判性思维的各个要素进行分解的。在此过程中，学生的批判性思维得到了有效的锻炼。最后，评价量表赋予了学生对自己学习的控制权，让学生更加积极主动地设计并参与到学习计划中，可以帮助学生养成良好的学习习惯，提高学生自主学习能力。

对教师而言，首先，评价量表能够让教师全面了解学生在各个环节的学习结果。基于此，教师能够适时调整教学目标和策略，促进教学任务的完成。其次，通过统计评价量表，教师可以看到学生的进步和遇到的困难，并依此改善教学。

总而言之，基于学情的评价量表能让学生更清晰地了解任务的目标和重点，知道自己应该在哪方面努力；同时在节约教师的时间和精力的同时并不影响对学生的反馈，让学习结果成为改善教师教学、提高学生反思能力的有效工具。

二、基于学情的分层作业评价 >>>>>>>>

作业不仅是检测教学效果的重要手段，还能对学生的学习起到巩固与拓展作用，即作业既具有巩固、应用知识的功能，也具有教师对学生学习情况进行检测与评估的功能。前者是针对学生学习的巩固与知识的迁移应用而言的，后者是针对教师了解与把握学情而言的，两种功能同等重要。但在实际教学中，作业存在着形式机械、缺乏新意、应试目的性强、忽略学生实际需要的问题。结合教学目标，根据学生之间的差异设计与布置作业，即分层作业，让作业成为学生的一种学习需要，是解决这一问题的良方。

教师在设计分层作业之前要对教学内容、教学目标、学情有具体的了解和认识。设计时应基于因材施教的原则，在作业中体现层次性、开放性、趣味性。作业的难度要为不同学习水平的学生所接受，并能帮助他们在完成作业的过程中收获知识，巩固知识，提高学习兴趣，从而提升自主学习能力。

下面是一位语文教师的分层作业设计案例。

八年级上册第五单元第25课为"杜甫诗三首"。教师根据分层作业的原则设计了以下作业，不仅能够检测与考查学生对单篇课文的掌握情况，还结合了单元目标，引导学生学会知人论世的解读作品的方法。同时为了激发学生的学习兴趣，教师从单元主题出发，设计了一系列互动，拓宽了学生视野，培养了学生合作探究学习的能力。

教师依据八年级上学期期末考试成绩，把学生分成 A、B、C 三个层次。三个层次的学生可以根据自己的语文学习能力，按要求完成相应的分层作业。

基础题（必做题）：

1. 背诵并默写这五首诗。

2. 积累重要的文学常识及重要的文言字词的意思。

3. 了解诗中"移情"的表达手法及其作用（《春望》）。

4. 感受作者表达的情感。

设计基础题的主要目的是考查学生对课文内容的识记情况，对"诗达意"的理解程度，因此面向全体学生。基础题以教师课堂提问、当堂练习的形式完成，以讲代练。这种形式既能让教师实时掌握学情，又无须增加学生的课后作业负担。教师对学生的即时评价也能让学生提高上课的注意力。C 层次的学生可能无法当堂完成，教师可以让 C 层次的学生将基础题作为家庭作业带回家完成，以此巩固知识。

提高题（选做题）：

1. 辨析《望岳》与《春望》两首诗的异同。（表格题，比较同一诗人不同时期的诗作的异同）

2. 请你根据《石壕吏》的文本将这首诗改编为课本剧。

提高类题目针对 A、B 层次的学生设计，在命题过程中不仅考虑到了课本知识的识记，也增加了思辨性题型，并以归纳、整理、改写的形式体现在学生的作业中。学生完成作业的过程也是对文本内化的过程，并通过如果语言将自己的理解表达出来。学生可以根据自己的兴趣有选择地完成。C 层次的学生对提高题感兴趣，那么教师也要鼓励他们去完成此类作业，并给予相应指导。

拓展题（合作题）：

1. 请你运用"知人论世"的方法为大家介绍杜甫及其在各个时期的代表作。

2. 请你根据改编的《石壕吏》脚本，排演课本剧《石壕吏》，并在课堂上演出。

拓展题以小组为单位合作完成，不同层次的学生可以根据自己的学习需要选择相应层次的作业。传统作业流于形式的弊病，在分层作业，中得到了有效解决。分层作业有效地将课堂学习与课外学习衔接起来。拓展题的设计不仅体现了分层作业的"阶梯型"特点，也能将教师的教学目标与学生的学习需要相结合，提升语文作业的有效性。教师通过批改分层作业能了解学生的学习状况，及时改进教学。

总而言之，作业是沟通学习结果与学习起点、学习状态的桥梁。教师通过设计围绕教学内容的作业，考虑具体学习需求的作业形式，依据标准对学生的作业做出评价。如此，教师就可以对学生的学习情况加以评估，并做出反馈。学生根据教师对作业的反馈，对自己的学习能力、学习方法和学习效果进行反思，提升自我反思能力。

三、多维度成绩分析评价 >>>>>>>>

在目前的教育体制下，考试依然是检测教与学成效的重要手段。针对考试成绩，人们更多地把目光锁定在成绩高低的评定上，忽视了对学习态度的反思，考试对教与学的指导功能被弱化。

成绩对教师而言，是分数排名、总分、平均分、及格率、优秀率。在成绩面前，学生成了一堆数字。学生的个性化差异很明显。只有充分了解学生的个性，尊重学生的个性化差异，教学才会有成效。因此，教师需要从学生个体的学情立场出发进行成绩分析，对学习个体进行精细化的分析诊断，这样才能切实地提升学生的语文学习能力。

考试对于学生而言，更多的是最后的那个"数字"。学生拿到分数之后的第一件事就是看看周围"邻居"的分数。教师要求的考后反思也成了"走形式"，"这次考试成绩不够理想……"正所谓"一个套路走遍天下"。当成绩成为外在的比较对象时，如何通过成绩分析让考试成为学生提升学习能力的重要工具？基于学情的多维度成绩分析为此提供了解决之道。

多维度成绩分析的第一个维度是指比较每一名学生的大型考试分数，根据数据分析了解成绩走向，由此反思成绩起伏的原因；第二个维度是指录入某次考试中各大题型的得分，如基础、现代文一(文学类文本)、现代文二(非文学类文本)、文言文、作文，由此分析反思知识点的掌握情况；第三个维度是指将自己的成绩与自己的目标进行对比，由此分析反思自我的计划与现实之间的差距。

学生甲：成绩起伏太大，要稳定住，不能一下低一下高，努力多少进步多少。

学生甲：这次考试文言文扣分太多了，可能背得不够熟练吧，看来以后在文言文方面要背得更多啊！

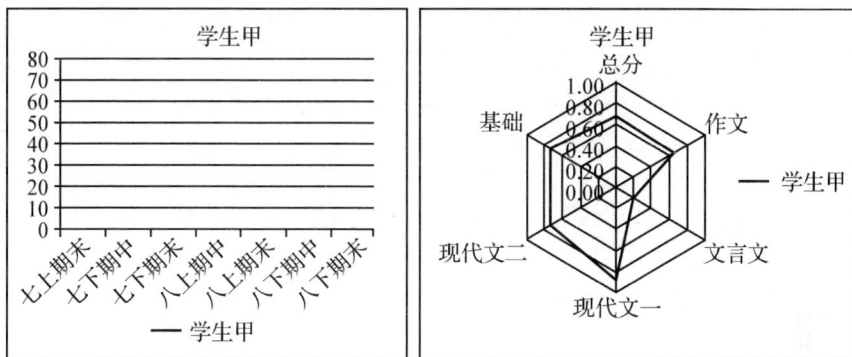

图 3-3　学生甲大型考试分数分析及各大题型得分

学生乙：从八年级上学期开始，我努力克制自己，在语文课上不偷吃东西。一开始真的很难受，我相信坚持下去一定能改掉这个毛病，最后果然改掉了。我感到了成就感，我的进步正是来自这种成就感。渐渐的我喜欢去改掉各种坏习惯。下课不去组长那儿背书，作文有时抄来，这些坏习惯都被我改掉了。现在上课还有跟同桌说话的坏习惯，这个坏习惯我也会渐渐改掉。克服的困难越多，我的信心就越强，我的语文成绩也就越好了。

学生乙：这次考试的基础部分和文言文得分高了很多，这和我这学期总是第一个到组长那儿背书的习惯有关系。看来上完课立刻背书的效果非常好，要继续保持下去。作文依旧是我的软肋，以前"抄作文"落下的病根现在都没治好。哎，看到作文就晕，但是这块难啃的骨头是一定要啃下去的。这学期我要主攻作文了，像老师说的从勤动笔开始，争取每天写一篇日记，多看优秀作文，老师的作文课要听得更仔细，加油！

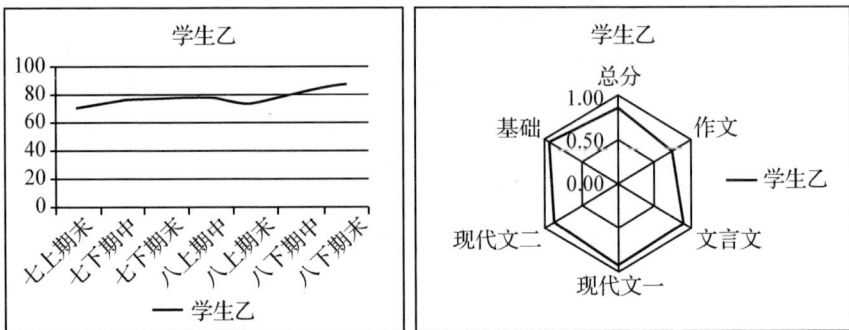

图 3-4 学生乙重大考试分数分析及各大题型得分

通过多维成绩分析评价，学生由关注分数到关注分数背后的原因及行为。通过分析反思明了哪些知识点没有掌握，哪些题型没有吃透，哪些学习行为、学习方式和学习习惯会对成绩产生正面影响，这些恰恰是学生通往自主学习的必经之路。一个好的反思可以让学生看清楚身上的不足，反思力更是一种学习能力，反思的过程即学习的过程。如果能够不断自我反思，并努力寻求解决问题的方法，从中悟到失败的教训和根源，全力做出改正，这样就可以在反思中清醒，在反思中明辨是非，在反思中获得学习能力的提升。这样学生学习的自我管理能力才能得到发展，学生才能从被动的学习者转型为自觉、自主、自立、能够监控和管理自我的独立学习者。同时，教师也要针对学生失分点调整教学策略，在再次教学中加强该部分的讲解。

初中自主课堂建设的思与行

四、师生多元评价 >>>>>>>

课堂评价是自主课堂教学的重要组成部分，是一种检视教学成败、改进教学实践的活动。自主课堂以学生自主学习为核心。学生通过组内互助、组间对话，在反思评价中自主学习。所以，课堂评价应当关注学生的发展，促进学生转变学习方式，实现由结果向过程、由单极向多元、由知识向能力的转变，提高学生的学习能力。

评价学习结果包括课前学生的自主学习情况、课堂上学生的对话交流反馈、课后学生的反思检测等。为了鼓励学生自主参与小组学习，教师将班级学生依据组内异质、组间同质的原则，将班级分为若干个实力相当的小组。小组内每名成员的成绩来自自评、同学互评及教师的评价。此外，小组内选出小组长、记录员，记录员记录下组内各名成员的表现情况，小组长负责分工及组织小组讨论。

（一）组内评价

组内评价旨在评价小组活动中每名成员参与活动的态度。每名成员对他人的评价需有依据，参考具体评价细则，这也可以锻炼学生公正评价的能力；同时也迫使那些坐享其成、不想思考的学生通过互评发现自己的问题。组内互评一般可以安排在每次小组讨论结束之后，由记录员统一记录。

表 3-2　小组合作学习的有效性观察评价表

组别	评价内容及分值					
	小组内学生分工明确（20分）	小组内学生的参与程度（20分）	认真倾听、互助互学（20分）	合作交流中能解决问题（20分）	自主、合作、探究的氛围（20分）	总分（100分）
第1组						
第2组						
第3组						
第4组						
第5组						
第6组						
第7组						
第8组						
第9组						
备注						

（二）组间评价

组间评价将个人之间的竞争转化为小组之间的竞争，将小组的整体表现作为激励的依据，促进小组成员之间的自主合作。比起组内互评，组间互评更起着促进互助学习的作用。对合作小组的评价可以提高学生的责任感和集体荣誉感。

表 3-3　学生小组合作学习活动记录表及评分细则

_____ 小组学习情况记录			
姓名	自评得分	互评得分	亮点

对其他小组合作学习情况评价			
组名	得分	优点	不足

参与小组学习活动的表现	评价等级				
	优	良	中	差	总评
1. 与其他同学合作交流	5	4	3	2	
2. 认真听取其他同学的意见	5	4	3	2	
3. 表达自己的观点和意见	5	4	3	2	
4. 与其他同学共同制订计划	5	4	3	2	
5. 与其他同学共同完成任务	5	4	3	2	
6. 完成自己的任务	5	4	3	2	
7. 帮助其他同学	5	4	3	2	
8. 协调小组成员	5	4	3	2	
9. 促进小组学习活动	5	4	3	2	
10. 与其他同学分享学习成果	5	4	3	2	

(三)教师评价

教师评价是建立学生学习信心的一个保障。在教学过程中，教师要做一个有心人，有高度的洞察力，时刻观察学生，善于倾听，捕捉学生的学习状态，及时、有针对性地对学生做出多种形式的评价，帮助学生有效地调整学习状态，获得成就感，增强自信心。

（四）管理者评价

如果说学生学习评价量表指向学生学习的有效性，那么学校自主课堂管理评价量表指向教师教学、管理的有效性、有序性。两者必然要同步推进，相互补充，从不同侧面暴露问题，从而产生最佳评价效果的"合力"。

表3-4　古林镇中学自主课堂评价表

评价项目	评价标准	得分
学生学习情况（60分）	1. 精神饱满，兴趣浓厚，讨论热烈；同伴协作，帮扶到位，按时完成学习任务（15分）	
	2. 能独立思考，探究问题有主见，能总结提炼学习所得（10分）	
	3. 展示时大胆自信，语言简洁，能清晰表达自己的观点；尊重同学和老师，耐心听取别人意见；答疑解惑正确，征求意见谦虚，评价客观公正（20分）	
	4. 达到预定教学目标，所有同学均有收获，有成功感、喜悦感（15分）	
教师导学情况（40分）	1. 学习目标明确，重难点恰当，关键问题把握准确，能根据学习内容合理使用教学资源（5分）	
	2. 注意情境创设，兴趣激发，评价适时恰当，激励性、指导性强（5分）	
	3. 预习单设计实用性强，体现教学要求和学科特点；问题有梯度，适合不同层次学生的需求（5分）	
	4. 及时整理提炼学生生成的问题，适时适度指导学生的学习活动，矫正纠错，点拨总结，体现智慧型指导（10分）	
	5. 课堂步骤清楚，环节紧凑，时间调控合理，板书设计合理、精炼（5分）	
	6. 能准确运用普通话教学，举止大方，知识储备充足；能亲近学生，关爱尊重学生，满足不同层次学生的学习需求（10分）	
简要评价		

从"古林小镇中学自主课堂评价表"的样案不难看出，该量表具有两个值得关注参考的部分。第一，从教师与学生双向维度展开评价。自主课堂的推进不仅是学生的自主学习，同时也要求教师做到能动地放手。

如果光对学生自主学习进行评价，过度关注课堂学习中学生学习氛围的轰轰烈烈，而缺乏对教师进行评价修正，那么容易弱化教师在自主课堂的能动作用。第二，师生评价的侧重点略有不同。学生评价侧重对整体学程中自主性的关注，包括学习过程中的学习态度、精神面貌、参与程度等方面；教师评价侧重对学生学程中引导的评价，如预习单的设置、问题的点拨等。这充分体现了自主课堂对学习过程的要求：教师的角色慢慢从"台前"退到"幕后"，只在学生需要的时候进行针对性的点拨；让学生充分发挥他们的能动性，实现自主学习。

第四章
自主课堂的实践策略

　　教学策略是指在教学过程中，为完成特定的目标，依据教学的主客观条件，特别是学生的实际，对所选用的教学顺序、教学活动程序、教学组织形式、教学方法和教学媒体等的总体考虑。也就是说，教学策略是在教学过程中各个环节使用的指导思想和方法。

　　教学策略具有四大特点。第一，对教学行为的指向性。教学策略的选择行为不是主观随意的，而是指向一定目标的。第二，结构功能的整合性。教学策略的选择和制定必须统观教学的全过程，综合考虑其中的各要素。第三，策略制定的可操作性。任何教学策略都是针对教学目标的每一具体要求而制定的，具有与之相对应的方法、技术和实施程序，它要转化为教师与学生的具体行动，这就要求教学策略必须是可操作的。第四，应用实施的灵活性。教学策略的运用要随问题情境、目标、内容和教学对象的变化而变化，不同的教学策略面对同一学习群体，会产生不同的效果；即便是采用相同的教学策略教同样的内容，对不同的学习群体也会产生不同的教学效果。

　　因此，学校在构建并践行自主课堂教学中，以"自主、合作、探究"为三大教学理念，以"自主学习—合作交流—反思巩固"为操作样式，通过"借助学情确立教学目标、激发动机推进教学实施、组建学习共同体、创设民主平等的对话关系"四大实践策略，在预习单编写与使用中分析学生静态学情，来确立适合学生实际的学习目标；教师在创设情境、活动中，来激发学生学习动机，解决学生疑惑；教师在民主平等氛围营造中，学生借助小组开展对话、合作，促进自主探究并解决问题，从而实现教学策略与自主课堂结构的无缝融合。

第一节

借助学情，确立教学目标

学情是指学生在学习新知识之前已经具备的知识结构、能力结构和在学习新知识时体现出来的个性差异。学情分析是设定教学目标的基础，是教学内容分析的依据，也是教学过程将教学设计用于实践的依据。教学策略是指在教学过程中，为完成特定的目标，依据教学的主客观条件，对所选用的教学顺序、教学活动程序、教学组织形式、教学方法和教学媒体等的总体考虑。

为此，教师在自主课堂中实施教学策略时，为完成教学目标，必须立足于学情，在此基础上因学选材，因学施教，这样才能体现学生的主体性和自主性。

一、研制预习单，自主学习 >>>>>>>

预习单是指教师根据文本内容、文本体式、学生认知水平，预估学习起点，精心设计问题，让学生的自主预习目标明确，有据可依。预习单是真实全面地反映学生学习课文的前在(潜在)状态的一种形式。预习单的作用有两点：第一，培养学生的自主学习能力；第二，有利于教师在学生做好批改后开展课前静态学情研究，然后两次进行教学设计。因此，学生在完成预习单的过程中，自学能力得到了较大发展。

教师在编写预习单时应注意四点：第一，预习单编写应体现预习的功能，让学生养成良好的学习习惯，引导学生自主学习；第二，预习单应从学生预习的视角来编写，问题要有梯度性、可操作性；第三，预习单编写应着眼于教材内容的重难点，分解重难点，可将重难点问题化、预习思维过程化，引领学生预习时突破重难点；第四，预习单编写应体现学法指导，以提高学生的自主学习能力。

古林镇中学的预习单主要由"自学目标"和"自学程式"两部分组成。"自学目标"的设置改变以往学生预习时"标标自然段""走场不走心"的状态，明确告知学生通过预习单自主预习后需要达到的能力水平。自学目标导向的自主预习能让学生集中时间和精力，提升自主预习的效率，并充分调动元认知，为达到自学目标而运用自学能力、发现问题和提出问题的能力、思辨能力等学习能力。"自学程式"由知识链接、感知课文、重点探究和质疑问难四个部分组成。知识链接为学生对文本的理解提供背景资料，所谓"知人论世"，让学生对文本的了解不再流于肤浅；此外，知识链接也提供了文本体式解读方向，为学生从更专业的角度、更高的层面、更宽的视野进行文本解读构建支架。感知课文及重点探究除了让学生通过自主预习夯实学科基础外，也给予学生学法指导，为学生的自主预习提供切实可行的支架，让学生学会学习。质疑问难充分体现了学生的学习主体地位，尊重每一名学生的具体学情，尊重每一名学生对文本的不同理解，是发现问题、提出问题的过程，也是学生对文本思考不断深入的过程。这些问题将成为教师分析学生前在(潜在)学情状态的重要依据，也将成为教师确定学习起点的重要凭证。

汪迟老师执教《带上她的眼睛》预习单

(一)自学目标

第一，浏览课文，概括小说情节。

第二，体会小说悬念运用的妙处。

(二)自学程式

1. 知识链接

(1)作者简介

刘慈欣：中国科幻作家，凭借《三体》获得第73届"雨果奖"。这是亚洲人首次获得"雨果奖"，也是中国科幻走出国门走向世界的重要一步。刘慈欣的短篇小说构思巧妙，想象力丰富，将坚实的科学基础和厚重的人文情怀隐藏在灵动精致的故事结构中，代表了当前中国科幻的最高成就。

(2)科幻小说

科幻小说是小说的分流之一，以幻想为手段，表现了人类在未来世界的物质精神文化生活和科学技术远景。它往往描写幻想中的技术或物质对人类和社会产生的影响。它是科学幻想小说的简称，通常将"科学""幻想""小说"作为三要素。

2. 感知课文

第一，带拼音抄写课后词语两遍。

第二，浏览课文，从"小姑娘"的角度概括小说情节。

3. 重点探究

浏览课文，找出小说中设置的悬念，并说说阅读感受。

（学法指导：悬念是指在戏剧、小说等叙事性文本中，为有效吸引观众和读者，让故事情节和人物命运发展到一定阶段后被有意悬置起来，等待下文交代而采取的一种情节设置手段。它具体表现为设疑与释疑）

4. 质疑问难

读了这篇课文，请提出自己不能解决的问题，在上课时与同学们一起解决。

《带上她的眼睛》是部编版七年级上册新入选的一篇课文，充分体现了部编版教材的时代性。课文经过作者刘慈欣的改编，充分保留了作者的原意。《带上她的眼睛》被编入第六单元，"探险"是本单元的主题。在单元导读中编者写道："科学幻想，依据科学技术的原理、发展趋势以及科学假说，展示了人类对未来的大胆的想象力。希望你能从中接触到探险者的精神世界，并激发出探索自然世界和科学领域的兴趣与想象力。"学习这篇课文；除了可以夯实学生阅读小说的学科基础外，还可以培养学生的好奇心、想象力、创造力等语文自主学习能力。

《带上她的眼睛》是刘慈欣的科幻短篇小说。这是七年级学生初次在课本中接触刘慈欣和科幻小说，因此在预习单的"自学程式"的"资料链接"中为学生提供了"刘慈欣"和"科幻小说"的相关介绍，帮助学生在"知人论世"和"体式背景"的基础上深入理解小说。

本文是科幻小说。既然是小说，感知情节必然是深入理解小说的前提，因此预习单在"感知课文"中设置了"浏览课文，从'小姑娘'的角度概括小说情节"的整体感知题。课文情节曲折，学生对课文有着浓厚的兴趣。不同于以往"看过就算预习"，转换视角概括情节给学生新鲜感，让学生化身主人公，与主人公一起进行地心之旅，符合七年级学生的学情。

刘慈欣在小说中设置了大量悬念以吸引读者的阅读兴趣，勾起读者的好奇心。学生阅读课文时会对小说中的悬念深深着迷。整篇小说由"置疑"和"释疑"两部分组成，"我"对小姑娘的所有疑问在后文得以一一解答。学生的阅读心理就像破案一般，紧张而又好奇。待悬念揭晓，学生在长舒一口气的同时，又被小姑娘的人性美震撼。因此，如何感受悬念在小说中的作用，也是学生在自主预习中要充分感受的。为了让学生不再停留于题目生涩的描述而不知如何下手的阶段，"学法指导"为学生达成预习目标构建了支架：悬念是指在戏剧、小说等叙事性文本中，为有效吸引观众和读者，让故事情节和人物命运发展到一定阶段被有意悬置、延宕下来，等待下文交代才会明确而采取的一种情节设置手段。它具体表现为设疑与释疑。这样，学生的自主预习才能深入、高效，学生的语文自主学习能力才能得到切实提高。

学贵有疑，"质疑问难"为学生提供了个性化的空间，更为教师提供了深入了解学生静态学情的平台。每名学生都能将自主预习后的疑惑展示出来，为教师教学目标的设置，为课堂中师生、生生的多元对话奠定基础。学生通过自主预习完成的预习单，能较充分地反映前在(潜在)状态，为教师课堂教学设计和评价设计等提供依据。

因此，在教师充分预估学情的基础上结合文本的体式特点研制的预习单才是真正基于学情的预习设计。学生借助预习单进行自主预习，自学能力会得到有效提升。

二、分析预习单，因"学"施教　>>>>>>>

学生通过自主预习完成的预习单能真实、充分地反映学生的前在(潜在)状态。教师需要对预习单进行分析，根据学生预习单完成情况确定学生的学习起点，根据学生的前在(潜在)，状态确定教学目标，因"学"施教。

(一)根据预习单中学生的回答进行分类，确定教学起点，提高课堂效率

如学生对"浏览课文，从'小姑娘'的角度概括小说情节"这一预习题的回答主要分为以下几类。第一类，没有转换视角，仍然从"我"的角度进行概括。例如，"我去旅行的时候带上了一副眼睛，原来是一位地心领航员的眼睛，她被困在地心，永远都回不来了"。"我带上了一位'落日六

号'地航员的眼睛去旅行，一开始我不知道她的身份，后来我终于知道了'落日六号'失事过程，我受到了震撼。"第二类，情节概括不完整，缺少重要情节。例如，"我是'落日六号'的领航员。在一次不幸中，我和我的同伴被困在里面，无法出来。我利用传感眼睛和外界事物沟通，就只能在这里生活至死"。"我是'落日六号'的领航员，有个人带着传感眼睛带我去了起航前去过的地方。我在一个细雨蒙蒙的早晨最后一次看到地面世界，那之后我便又回到那个不到十立方米的地方生活。"第三类，答非所问，甚至不清楚小说中的"我"与作者不是同一人。例如，"刘慈欣带着小姑娘的眼睛去草原旅行，后来发现小姑娘是'落日六号'的领航员。"

教师在分析学生的回答之后，就能清晰地看到学生对小说情节的理解程度、学生的语言表达能力及概括能力。基于此，教师就能确定学习起点，设计相应环节，提高学生在课堂上的思辨能力。例如，针对第一类问题，教师可以帮助学生认识审题的重要性，并借此提醒学生叙事视角的转变对于小说情节的开展有着极为重要的作用；针对第二类问题，教师可以通过小组合作等方式，帮助学生将缺漏的重要情节补充完整，通过生生对话的过程让学生在阅读时树立整体意识；针对第三类问题，教师可以帮助学生厘清小说的基本特性——虚构性，小说是虚构的艺术，小说中的"我"并不是作者本人。这样，课堂教学的效率才能大大提升。学生不仅能从自身的起点开始学习课文，也能通过相互关照、沟通交流达到共同提高的效果。

(二)教师分析学生的质疑问难，了解学生对课文的兴趣点、困惑点，从而确定教学重难点

第一类，漫无目标的质疑(有 7 名学生，约占 14%)。这些学生为质疑而质疑，出现瞎问、假问、明知故问的想象。例如，"眼睛怎么能被带走呢?""反复提到那支笔有什么作用?""小姑娘为什么一直哼唱德彪西的'月光'?"

第二类，疏通性质的质疑(有 26 名学生，约占 52%)。这类质疑的题目主要针对课文的某个词语、句子、段落的意思。例如，"课文的最后一句话'有一个想法安慰我：不管走到天涯海角，我离她都不会再远了。'怎么理解?""我为什么能听到她的心跳?""'她对这个世界的情感已经丰富到不正常的程度'这句话怎么理解?"

第三类，探究性的质疑(有14名学生，约占28％)。这些学生抓住文章主旨进行提问。这种质疑有一定深度，需要学生动一番脑筋后才能提出。例如，"为什么小姑娘一开始说'我太怕封闭了'，后来又说'我不怕封闭了'，这有没有矛盾呢?""小说的中间部分为什么要交代我在地表的生活呢?"

第四类，鉴赏性的质疑(有3名学生，约占6％)。这是从课文的题材入手，对文章的写作特点、方法等做出一些评价。例如，"除了悬念，课文还有别的技巧值得我们学习吗?""课文中的小姑娘有哪些品质? 课文是怎么反映出来的?"

教师在分类归纳学生提出的问题后，能清晰地分析学生对课文的理解程度及难点，了解学生发现问题和提出问题的能力。对于学生的问题，教师必须迅速敏锐地找出生疑的根源，根据不同的类别分类处理。例如，对于第一类问题，教师可以帮助学生认识发现问题、提出问题的能力的培养对于学习的重要性，让学生树立"小疑小进，大疑大进"的意识。第二类问题是学生理解课文的难点集中所在，特别是对小说结尾句的理解关系到对小说主旨理解的深度，也是这篇课文的教学难点，因此需要设计支架。例如，试从"小姑娘"和"我"的形象的角度思考，以小说中的某一个情节、句子、字词为依据，讨论时结合小说中悬念的作用。帮助学生深入品读文本，分析小说人物形象，进而理解小说的主旨。第三、四类问题，学生已经对小说中的人物形象进行了思考，能够通过人物形象思考小说主旨。课文是一篇科幻小说，人文性是科幻小说的重要元素，对人物的刻画反映了作者的人文内涵。通过分析小姑娘为科学献身的精神、探索精神、对诗意的向往等，就能感受到作者的人文关怀。教师可直接展示学生的质疑："为什么小姑娘一开始说'我太怕封闭了'，后来又说'我不怕封闭了'，这有没有矛盾呢?"让学生深挖文本，真正进入刘慈欣的文字世界，体会文本的精髓。

通过分析学生的预习单，对学生的质疑进行分类分析，挖掘学生的前在(潜在)状态，基于此确定的教学起点、教学重难点才真正符合学生学习需求，学生发现问题的能力、自主学习的能力才能得到切实提高。

第二节

激发动机，推进教学实施

　　学习动机是直接推动学生学习的一种内部动力，是激励和指引学生学习的一种需要。[①] 学习动机的激发是在一定教学情境下，利用一定的诱因，使已形成的学习需要由潜在状态变为活动状态，形成学习的积极性。那么，在实际教学中，教师应如何激发学生的学习动机，使他们那种潜在的学习愿望变成实际的主动学习的行为，进而推进教学内容的落实呢？具体可从以下四个方面着手。

一、选取预习中的疑惑问题 >>>>>>>

　　学生预习时提出的疑惑不仅是他自身难以解决的困惑点，也是他想努力解决的兴趣点。学生的疑问点正是丰富内容的探究点。因此，教师通过对学生预习情况的采集，在有效教学策略的引导下，对疑问点进行追寻对话、点拨引导，甚至让学生进行自主探究，激发学生自我解决问题的学习兴趣与动机，为学生思维与教学内容的有益碰撞提供助力，从而推进教学进程。

　　针对 *Singapore—A place you will never forget* 一文，学生在预习单上提出的较集中的问题为：文章开头提到"*Singapore is a wonderful and safe place to take a holiday*"，wonderful 这个特征可在后文许多地方寻得，但 safe 这个词似乎在后文并没有呼应，那为什么说"Singapore is a safe place?"教师抓住这个预习疑问的契机，让学生再次细细品读文

---

　　① 参见林崇德：《学习动力》，92～94 页，武汉，湖北教育出版社，2011。

章。学生发现此处 safe 并不是传统意义上的人身方面的安全，而是指游客可以在一年当中的任何时间段去新加坡游玩，且在那边可以自如地使用中文，所以此处 safe 一词突出的是去新加坡度假是非常保险可靠的，因为游客无须考虑出游时间、语言沟通等问题。这种教学方法促进了学生对教学内容的深度把握。

在社会学科《西方古典文明》一课的预习单中，学生较集中的问题为：为什么古希腊文明、古罗马文明是西方文明的摇篮？针对这个疑惑，教师让学生细读"西方文明的摇篮""罗马帝国的兴衰"和"西方文明之源"这三框的教材整体内容，并联系、比较第一课《亚非大河文明》，继而让学生设计一张表格，来厘清古希腊文明、古罗马文明出现的标志和特色文明成就的表现的知识框架。问题是学生自己提出的，学生有解决的欲望与动力，主动地从文字的出现、生产力发展、重大工程、阶级分化、国家出现、政治制度、科技成就、文学艺术等方面去比较古希腊文明、古罗马文明的特色成就，构建本课内容的知识框架，也就不难理解"古希腊文明、古罗马文明是西方文明的摇篮"这句话的含义了。

二、创设有效对话情境 >>>>>>>

学生的求知欲、学习兴趣、改善和提高自己能力的愿望等内部动机会促使学生积极主动地学习。在情境中展开学习活动，符合学生思考问题的习惯，有助于学生合理地理解和解释。[①] 这一点已为许多教学工作者所认同。然而，遗憾的是，即使是采用了情境教学，往往也未必能够促成有效、高质量的对话，产生高水平的思维成果。出现这种情况的一个重要原因是该情境不能激发学生探索的兴趣与欲望，或者情境所反映的问题具有封闭性，答案是唯一的、确定的。所以教师在创设情境时，要着眼于引起学生的学习兴趣，激发学生的学习动机。

(一)创设问题情境

所谓问题情境，指的是具有一定难度，需要学生努力克服，而又是

---

① 参见刘俊强：《建构主义教学设计中学习策略的应用》，载《教育探索》，2004(8)。

力所能及的学习情境。① 教师需要精心创设情境，激发学生的学习热情，调动学生的求知欲，从而引领学生去主动探求新知。情境的创设可以借助趣味十足的游戏、悬念迭起的实验、引人入胜的故事和促发思考的提问。

对于英语学科来说，必要的情境创设可以让学生在这个大氛围中自觉主动地开口，给了学生学习英语的动力和目标，有利于培养学生的主观能动性。教师要根据每个单元不同的话题，并根据学生的生活经验和已有知识背景，创设适合学生参与的课堂氛围和情境。例如，在教授七年级上册第七单元 How much are these pants? 第一课时的时候，为了让学生身临其境，教师运用多媒体展示国外的商场，并向学生提问"春节快到了，我们要去买年货，如果在一个说英语的国家，你应该如何购物？"先给学生创设一个情境，就是在英语的语言环境中你要去买东西，怎么办？"现在我们的教室就是一个大商场，让我们尽情购物吧！"然后让学生拿出事先准备好的将要售卖的物品(可以是实物，也可以是学生画在纸上的物品)，并且标好价格。如果仅仅靠多媒体上的图片，那么学生会有距离感；一拿出实物，课堂就生动起来了，学生的学习热情一下子就高涨起来了。

阿特金森在其成就动机理论中指出，当问题的难度系数为 50% 时，学生的学习动机最强。② 因此，能否成为问题情境，主要看学习任务与学生的知识经验的适合度如何。课堂教学中，在学生掌握知识的基础上，再设置富有启迪性、感染性的问题的讨论活动，往往能够牢牢抓住学生的求知兴趣。

例如，在教《百家争鸣》时，在学生学习了各学派及主要主张后，教师问：

你们班主任管理你们班的做法体现了哪家思想及主张？如果你是班主任，你将如何管理班级呢？百家争鸣思想对当代世界和社会有哪些影响？

许多学生加入讨论，并讲出自己的真实想法：有的说我会用儒家的仁爱思想来管理班级，因为班主任就像妈妈一样爱护我们；有的说我会

---

① 参见袁国超：《问题情境及其创设策略》，载《语文教学通讯·D刊(学术刊)》，2017(2)。

② 参见王本法：《阿特金森的成就动机期望×价值模式论述评》，载《山东师范大学学报(社会科学版)》，2000(1)。

用兵家的思想，因为班主任做到了"知彼知己"，对我们每一名同学的学习和家庭等情况了如指掌；有的说我会用法家思想，因为班主任管理班级非常严格，谁违反了纪律就会受到"爱"的教育；有的说任用班干部来管理班级，大大加强自己的"中央集权"；有的说我全都用，用百家之长……课堂上学生的参与热情空前高涨，同时通过借鉴历史的经验或教训，加深对现实的理解，科学地预见未来，有利于情感态度与价值观目标的实现。

综合以上例子，可以发现创设问题情境的前提是教师熟悉教材，掌握教材的结构，了解新旧知识之间的内在联系；此外能够充分了解学生已有的认知结构状态，使新的学习内容与学生已有发展水平有效衔接。这样，创设的问题情境才会有效激发学生的学习动机。

(二)创设"矛盾性"对话情境

课堂若没有矛盾，教学对话就难以向纵深方向推进。矛盾往往隐含冲突与分歧，这些冲突和分歧能引发不同观点、不同意见之间的碰撞，引起学生的兴趣与关注，激活隐藏在情境表象处的玄机，从而成为发展学生思维能力的驱动力，增强学生的学习动机。

1. 与学生生活经验相矛盾

与学生生活经验相矛盾的问题材料会引发学生积极探究的兴趣，使学生重建自己的内部知识和经验。在 *Singapore—A place you will never forget* 一文中，学生对新加坡的夜间动物园十分好奇。因为根据学生自身的知识、经验，动物园一般都是白天开放的，那么为何新加坡会有夜间动物园？夜间动物园和一般的动物园相比有何优点？这些问题都让学生十分好奇。带着这份好奇，学生会积极地研读相对应的语篇并找出答案。

2. 教学材料本身隐含矛盾冲突

教师抓住教学材料隐含的矛盾冲突、引导学生辨析的过程，就是引导学生将已形成的学习需要由潜在状态变为活动状态、形成学习的积极性、产生足够的学习动力的过程。

在学习《社戏》时，有学生提出疑问：文章第40段"真的，一直到现在，我实在再没有吃到那夜似的好豆，——也不再看到那夜似的好戏了"。这戏应该是很好看的，但为何在文中其他地方写看戏时快要睡着了，文章写得有矛盾。教师针对学情中的问题，设计一个讨论的平台，让学生结合全文说说是不是矛盾。经过独自与文本对话，小组合作交流，教师追问点拨，学生终于明白其实是不矛盾的。矛盾的表层下，有孩子不喜欢看唱戏的率真品性与儿童本真，更有对那份已经消失的童年生活的留恋与怀念。同时，教师让学生重点细读"真的""一直""实在""再""——""也不再""了"，引导学生深入体验那种情感。

教师引导学生进行思辨，并非简单地去否定什么，而是想通过思辨激发学生学习动机，引导学生深入研读文本，使学生从中获取新的知识，并进行理性推论，形成思辨能力。从课堂的反映来看，学生对思维含量高的问题是挺感兴趣的，尤其对自己的困惑问题有想解决的动机，乐于去尝试。可以看出，文本的矛盾处对激发学生学习动机、推进教学进程、提升思维能力是非常有意义的。

3. 教师有意识地创设矛盾情境

在教学《抗日战争》一课时，有教师创设了如下情境：

为纪念中国人民抗日战争胜利 69 周年，宁波市一所中学八年级某班黑板报准备出一期专刊，该班一名同学提供了下述有关日本侵华主要史实的稿件，请找出与史实不符的内容并加以更正。

1929 年，为摆脱危机，日本发动了侵略中国的"九一八"事变。不到半年，它就将富饶美丽的东北三省置于其铁蹄之下。1937 年，在北平制造"八一三"事变，发动全面侵华战争。同年 12 月，日军攻陷南京，对南京和平居民进行惨绝人寰的大屠杀，我国 20 万同胞被日军杀害。1945 年 8 月 15 日，主要因为美军先后在日本广岛和长崎投掷原子弹，侵略中国的日本帝国主义被迫宣布无条件投降。

教师通过创设找出日本侵华稿件中与史实不符的内容并加以更正的情境，激发学生的学习兴趣，提高学生的阅读分析能力，使学生牢记日本侵华的主要史实，起到巩固知识和技能、反馈矫正的作用。[①]

三、设计实证性学习活动 >>>>>>>>

相别于传统课堂的单一问题回答模式或是被动习得模式，现如今更

---

① 参见陈金永：《试论初中历史与社会课堂导学案的有效性》，载《宁波教育学院学报》，2014(6)。

加注重在符合实际意义的活动中解决问题。在实证活动中，学生会进行自主探索，而不是被动学习。学生的参与性更高，核心思维能得到有效提升，同时课堂效果也会更好。

例如，在学习密度这一课中，学生要探究密度与质量、体积之间的关系。难点在于学生要得出"密度＝质量/体积"这一公式。在传统的传授型课堂中，学生虽然能被动习得此公式，但对其背后的道理可能并不清楚。所以教师由一个银镯子引出话题："最近，我买了一个银镯子，你能帮我鉴别一下它的真伪吗?"之后可设计一系列辨别木块和铁块的活动，让学生主动探究密度这一概念。

活动设计一：辨别铁块和木块。

创设情境：两个体积分别为 1 立方厘米的铁块和木块，事先用涂料遮掩外观，进行了"乔装打扮"，你能分辨出哪个是木块，哪个是铁块吗?

学生活动：通过掂量或用天平进行辨认，质量大的那个是铁块。

设计意图：让学生温故天平的使用方法，并且习得相同体积的铁块和木块，铁块质量更大。

活动设计二：辨别体积不同，质量也不相同的铁块和木块。

创设情境：两个体积不同的木块和铁块，其中铁块体积为 2 立方厘米，木块体积为 64 立方厘米，还能通过掂量或者使用天平鉴定哪个是木块，哪个是铁块吗? 那应该怎么办?

学生活动：小组合作，再次用天平称木块和铁块。再用质量去除以体积，就表示 1 立方厘米的物体的质量。

设计意图：通过这一活动，鉴定体积不同、质量不同的木块和铁块，让学生自己来构建出密度的概念。

本课首先采用生活实例(鉴定银镯子)的方式引入教学内容，以此来激发学生的学习欲望。学习欲望产生后，教师接着又引出另外问题：体积相等的木块、铁块可以通过比较质量识别；体积、质量不相等时，我们又如何识别物质呢? 学生又一次产生新的疑问，急于去探究新的物理知识。

教学设计特别突出了密度概念建立的过程，在学生活动二——等体积(1 立方厘米)的木块和铁块如何用天平来鉴定的基础上设计了活动三，即如何鉴定体积不同、质量不同的铁块和木块。学生自然而然地会想到将它们都转化成 1 立方厘米，求出 1 立方厘米的物体的质量，这便是今天教学的难点——密度。教师只需层层诱导,概念完全由学生自己来构建。

整节课线条清晰,层层递进,体现了"以问题为主线,以探究为载体,以体验为收获"的设计思路。教师在课堂中尽可能指导学生去发现问题,鼓励学生大胆提出问题,改变了教师讲得多、学生听得多的现象,真正让学生体会到了物理就在身边,感受到了物理的趣味和价值,产生了持久的学习动力。

四、搭建学生质疑平台 >>>>>>>

爱因斯坦曾说:"学生提出一个问题,往往比解决一个问题更重要。"从本质上说,探究学习是一种发现学习,要求在教学过程中以问题为载体,创设一种科学研究的情境,通过学生收集、分析、处理信息,独立地发现问题。探究学习的深度如何,主要看学生有没有问题意识和问题能力。因此,教师应努力让学生"会问"。

(一)利用预习单自主质疑

教育家苏霍姆林斯基说:"如果学生没有学习的兴趣和愿望,我们的一切意图、一切探求、一切理论都会落空。"这就要求教师在培养学生自主提问的过程中,充分发挥学生的主动性,让他们由被动变主动,激发他们提问的积极性、主动性,这样才会取得更好的效果。预习单是一个非常好的载体。

《丝路明珠》预习单片段

出示简单介绍新疆地理位置、地形、气候、经济、历史等方面的文字材料以及沙漠、绿洲、雪山的风景图片。提问:认真联系教材和以上材料,能发现什么问题?谁提出的问题更有价值?提示:可从是什么(背景、内容),为什么(原因、意义、理由、作用),怎么办(措施、建议、对策)的角度提出问题。

甲同学:我想了解丝绸之路是怎样产生的,丝绸之路与绿洲有什么关系。

乙同学:干旱的地方为什么能发展绿洲农业呢?

丙同学:新疆为什么干旱?新疆的绿洲农业又是怎样的?

丁同学：绿洲与沙漠相邻，绿洲会被沙漠淹没吗？

另外，预习单中设置质疑问难环节：你有什么疑问或思考？请写在下面。

这样的自主提问、质疑问难设计就像投入水池中的一颗石子，能够激发学生的兴趣，激起学生思维的涟漪，有利于学生创新能力、探究能力的培养，有利于学生学科思维能力和学科核心素养的培养。

（二）在无疑处质疑

教师要想培养学生的创新能力，仅靠抓好基础知识、基本技能的落实是不够的，还要注意训练学生突破思维定式，进行思维的变通和发散。教师要有意识地在课堂上训练学生的逆向思维能力和批判质疑精神，让学生敢于向既定的评价和权威的说法提出挑战，甚至在无疑处质疑，激发他们的再创造能力和创新思维。

有这样一道题：小明从超市买了一瓶白醋回家，路上他担心失手摔碎，所以增大了握瓶子的力，瓶子与手之间的摩擦力是否会增大？学生由于受定势思维的桎梏，往往会认为摩擦力会随着压力的增大而增大。为消除这个错误判断，教师可以引导学生运用逆向思维去分析瓶子的状态，学生就会理解瓶子仍处于静止状态，摩擦力与重力仍然平衡。学生通过逆向思维法挣脱了思维的束缚，发散了思维。

（三）向生活质疑

在教学中，教师要引导学生结合所学内容，对周围情境和现实生活提出质疑；让学生知道，学习来源于生活，学习是为了更好地解决生活中的问题，从而激发学习的兴趣。

科学学科是所有学科中较贴近生活的学科，教师应善于从生活中寻找例子，进行深入浅出的教学。以与学生息息相关的第一科学现场——"家"为例，家就为我们的科学探究学习提供了丰富的课题资源：为什么刚装修完的房子不能马上搬入？这与科学中"污染物与如何防止污染"这一课题相呼应；为什么家里的鱼缸内既要有鱼，又要有草，还要有沙子呢？这又涉及科学中的"生态系统"。科学的最终目的是让学生学会利用科学知识去解决生活中的问题，从而最终形成"发现问题—思考问题—解决问题—再发现问题"的良性循环思维模式。

在学习活动中，学生对学习内容产生困惑或兴趣，提出问题，进行质疑，就会产生解决问题的需求和强烈的学习动机，从而积极调动思维去探索，并在探索过程中发散思维，打开智慧之门。因此，在课堂教学中，教师要高度重视对学生质疑问难能力的培养。

组建学习共同体

《国务院关于基础教育改革与发展的决定》指出："鼓励合作学习，促进学生之间相互交流、共同发展，促进师生教学相长。"《基础教育课程改革纲要(试行)》指出："倡导学生主动参与、乐于探究、勤于动手。"合作学习兴起于 20 世纪 70 年代的美国，20 世纪 80 年代被介绍到中国，是充分发挥学生主体作用的一种有效方法。合作学习时，通过组建学习共同体，全体学生在课堂上自主活动、主动探索，在合作交流中优势互补，在小组对话中深度学习，在相互倾听后意义重构，促进自身主体精神、实践能力和综合素质的全面发展，使课堂焕发真正的活力。

一、学习共同体的内涵和建构策略 >>>>>>>

(一)学习共同体的内涵

学习共同体(Learning Community)最先是由美国教育学家博耶尔提出的——学习者因肩负共同学习使命，朝着共同教育目标与愿景，共同学习，相互作用，共同参与寻找通向知识旅程和理解世界的运作方式的群体。学习共同体的主体是学习者或助学者，小到学习小组、班级，大到学校、社区和网络虚拟世界等。它包括课堂学习共同体、课程学习共同体、学校学习共同体和网络学习共同体等。

课堂学习共同体主要是由学生和教师组成的。为完成共同的学习任务，师生之间、生生之间进行沟通、合作、分享与交流，从而相互影响，相互作用，促进师生全面共同成长。它是在师生平等、生生平等的条件下进行自主学习、合作探究的一种学习组织。这种合作式的、强调与他人对话的学习有利于开阔学生视野，通过主动参与、探究、交流、分析解决问题，重建认知结构。

学习共同体有着鲜明的特征。

第一，平等的学习主体。师生之间、生生之间是一种平等交往和对话的关系。教学主体之间尊重差异，共同参与，互相合作交流，最终实现共同发展、共同成功的目标。

第二，统一的学习目标。教师教的目标和学生学的目标必须是共同体中的共同愿景，每个成员在实现个人愿景的同时也为达到全班的共同愿景而努力。

第三，合作交流的学习方式。为了完成共同的任务，共同体成员有明确的责任分工，在合作中展开互助性学习，实现思维的碰撞与创新。

(二)学习共同体的建构策略

1. 均衡组间能力

学生有学习能力、性格等个体差异。在同一学习共同体内，需要根据学生的差异合理分组安排，做到组内异质、组间同质。组内异质实现优势互补，为互助学习提供可能；组间同质又为小组间公平竞争奠定基础。

2. 合理分配职责

组内成员要有具体明确的任务分工。根据学生的个体差异与潜能，基于不同的教学内容和学习阶段，分配具体可操作的责任，如发言人、记录员、总结员等，让每个成员都有参与的机会、发言的机会。分工要轮流进行，这样在提高成员参与度的同时使每个成员在不同方面得到体验、锻炼与提高。

3. 培养质疑能力

共同体合作交流的前提是成员能独立思考，有所思才能有所表达，继而有所得。在合作交流中，教师要培养学生对其他同学观点提出质疑的能力，推进思维观点的修正、重构、创新。

4. 渗透合作竞争

合作能力与竞争能力是学生适应未来社会必备的能力，两者是相辅相成、互相促进的。课堂教学要中引入合作与竞争机制，有意识、有针对性地渗透合作与竞争意识，培养训练合作与竞争技能，鼓励共同体成员在竞争中合作、在合作中竞争，从而实现主动参与、共同学习、合作共赢的目的。

5. 全面发展评价

小组评价要重视综合评价，把定性评价与定量评价相结合，促进全面发展；关注组内个体自评，形成主体评价意识，关注共同体整体评价，提高所有成员的主动性与反思能力；把结果评价与过程评价结合起来，在关注结果的同时关注学习探究、合作、对话的过程，促进共同体的良性可持续发展。

二、学习共同体的实践策略 >>>>>>>

（一）确保合作学习凸显全面参与

分组学习中经常会出现这样的现象：小组学习中往往都是个别学习成绩较好的学生唱"主角"，这些学生控制着讨论权和发言权，而其他同学只能唱"配角"。这样的分组学习是"一言堂"的缩影，不能真正面向全体学生，无法实现每名学生的意义建构。其结果当然是两极分化，比常规教学更严重。因此，共同体在学习时，既要防止个别学习成绩较好的学生过多占用发言机会的现象，又要防止个别学习成绩有待提高的学生趁机偷懒、做"自由乘客"或"搭便车"的现象。

合作学习鼓励学生为了集体和个人的目标一起探究，在完成共同任务的过程中实现共同的愿景。其目的是凸显学生的主体地位，培养学生自主学习能力，激发其创造潜能，促进学生健康、自然地成长。合作学习不是个别学生的舞台，而是全体成员交流、学习、探究、展示的组织过程。因此必须提高学生的参与度，特别要激发学习成绩有待提高的学生的主动参与性。

首先，要加强对学生的教育。一方面，要教育学生充分认识到分组学习的特点和优越性，认识到沟通、交流对提高自身能力的重要性，做到既珍惜机会，积极主动地完成自己负责的任务，又善于融入团队的整体工作，学会同其他学生配合、互动，支持他人，倾听意见，互动交流，协同完成任务，达到共同提高和发展的目的；另一方面，要教育学生学会互相尊重，让学生认识到每名同学都有表达自己观点的权利，同时也有倾听别人观点的义务，不管自己的观点多么重要，发言时必须控制在一定时间之内，不能侵占别人的时间和机会。

其次，要指导每个小组进行明确的分工。每个成员都要有明确的职责。从制度上保证全员参与，使每个成员都有明确的角色意识，如做记录、监督发言时间、概括整理本组观点、代表小组在全班发言等，这些职责需要事先明确。

最后，在小组合作学习过程中，组长和教师要有意识地激励学习成绩有待提高的学生积极参与小组合作学习，把容易的问题交给他们来回答，同时把难题交给学习成绩较好的学生解决。另外，通过建立小组合作学习评价机制，将小组成员是否全面参与合作学习作为重要考核内容，以促进全员参与合作学习。

这是一位教师将小组合作融入《黄河颂》的教学案例。

小组组建后，为激发学生学习兴趣，提高学生学习的积极性和参与度，教师给每个组员分配不同角色，如组织员、记录员、检查员、计时员、报告员、噪音控制员等。为了使学生更好地执行各自的任务，开始时可以给每个角色发一张"角色便利贴"，上面写上自己的角色名称及提示语。

表 4-1　汪迟老师《黄河颂》教学案例

角色名称	任务	《黄河颂》小组活动任务	提示语
组织员	引导小组活动，保证小组活动的正常进行，并确保每个人都知道自己的任务	合理安排《黄河颂》的朗读任务，确保每个人都知道自己朗读的内容	本次小组活动的任务是…… 本次小组活动的分配情况是……
记录员	记录小组讨论的重点内容，为了操作方便，可以使用文字、特殊符号以及图表等	记录《黄河颂》朗读处理的理由，特别要记录同学间有争议的部分	请你把话再说一遍，以便我记录下来
检察员	检查所有组员是否理解各自的观点	特别关注对《黄河颂》朗读处理有不同意见的同学	你的理解非常好，能更详细地解释一下吗
计时员	保证小组合作的任务在限定时间内完成	保证小组合作的任务在限定时间内完成	我们这次小组合作安排的时间是…… 还剩下×分钟，请抓紧时间

角色名称	任务	《黄河颂》小组活动任务	提示语
报告员	汇报小组合作的结果，联系其他小组。汇报《黄河颂》朗读处理的理由，并接受全班质疑	汇报《黄河颂》朗读处理的理由，并接受全班质疑	这是我们小组的成果，与大家分享
噪音控制员	控制讨论时的音量	控制讨论时的音量	嘘！轻点

接着，这位教师秉持"授之以鱼，不如授之以渔"的理念，让学生通过学习一篇课文学会学习方法，进而自主学习该类文本。在教学时，教师通过教授朗读的方法，让学生学会有感情地朗读现代诗歌。

经过小组合作探讨，各个小组展示《黄河颂》朗诵。报告员用投影向全班展示小组朗读处理的理由，并接受其他小组的质疑。各个小组呈现的《黄河颂》朗读标记无不透露着他们对《黄河颂》文本内容的深入理解。

如：

我站在高山之巅，

望↗黄河滚滚，

奔向东南。

惊涛澎湃，

掀↗起万丈狂澜；

浊流宛转，

结成九曲连环。

报告员：我们小组是这样处理朗读的：重读"望"，提醒读者黄河来了。因为这个"望"字引出对黄河形象的描写，统领下文。重读"掀"，与后面的"万丈"相呼应，它们突出了黄河的力量之大，黄河波涛汹涌的恢宏气势。

质疑1：你们把诗歌分为男生部和女生部，这种分配方式我们可以借鉴一下。报告员在汇报的时候已经提到要重读"掀"，但是女生部读这个句子的时候"掀"字读得太温柔，不够有力，无法体现黄河气势磅礴的特点。希望她们在一下次的尝试中改进。

质疑2：我们认为"九"字也应该重读，九曲十八弯是黄河的自然特点，重读"九"突出了黄河的磅礴气势，也让诗歌更有画面感。

又如：

啊！黄河！↗

你是中华民族的摇篮！

∧五千年的古国文化，

从你这儿发源；

多少英雄↗的故事，

在你的身边扮演！

报告员：这首诗是对黄河的称赞歌，"啊！黄河！"自然要重读，表达对黄河的热爱和赞美。黄河是中华民族的摇篮，是中华民族的发源地。"你是中华民族的摇篮！五千年的古国文化，从你这儿发源"这两句要紧紧相连。英雄其实就是具有黄河精神的、伟大坚强的那些人，这些人当然应该被赞美，所以"英雄"也应该重读。

质疑：报告员的分析很精彩，但是你们的朗读还不能很好地表现你们对诗歌的理解，希望你们能用声音表现你们的情感。

当朗读教学流于形式的弊病成为顽疾时，合作学习让学生成为朗读的设计者、分析者、质疑者。学生不仅能有感情地朗读诗歌，而且能通过朗读表达自己对诗歌的深入理解。朗读是一种表达。当学生能将自己对文本的理解通过声音表达出来时，学生的学习能力已得到有效锻炼。课后，学生是这样评价这堂课的："这节课上得真爽，现代诗歌还能这么上课啊！""××提出的重读'劈''啊，黄河！'以及安排的男女生分部朗读效果非常好，如果在朗读中加入些动作，朗读效果可能会更好。""××平时不怎么说话，在这次小组朗读时他的声音很洪亮，而且比其他男生都认真。""小组讨论时十分激烈，大家各抒己见，平时吊儿郎当的××也参与了谈论。"通过学生的课后反馈我们会发现，学生对现代诗歌的兴趣明显提高了，连平时不怎么说话的学生都积极参与了讨论，学生更会反思如何才能朗读得更好。基于学情的合作、民主的课堂充分体现了学生的主体地位，学生的创造潜能得到发挥，自主学习能力得到了提升。

浙江省教育厅教研员牛学文认为，合作学习的效度如何，主要看小组合作探究的问题选题是否科学，问题设置是否符合重要性、探究性、开放性标准。小组人数以4～6人为宜，每人都应有明确的分工，每个成员的角色及责任不同。

教师应组织学生对本课有真正探究价值的问题展开小组合作探究，避免形式主义，最大限度地提高问题探究效率，使得小组每个成员都能真正参与其中。

（二）促进合作学习走向深度学习

近年来，关注学生深层理解的深度学习被学者们在理论与实践层面广泛探索。学生不仅要获取知识，还要能够与他人合作性地解决各类问题，能够运用越来越多样化的新媒体表达与交流观点和想法，学会管理自己，可以应对学业与生活中各类困难与挫折，有能力面对各类挑战等。总体来看，这一系列目标的达成需要在深度学习的框架下加以探讨。

深度学习是一名学生能够把在一种情况下学到的东西运用到新情况的过程。学生在此过程中掌握学科的核心知识，理解学习的过程，把握学科的本质及思想方法，形成积极的内在学习动机、高级的社会性情感、积极的态度、正确的价值观。[①]

基于深度学习的要求，在学生层面上，需要考虑重视激发学生合作学习的内在动机，使学生习得并提升自身的自主学习策略；在教师层面上，要基于建构主义理念，重视教师在合作学习中的支架作用，提升教师组织开展合作学习的能力；在学校层面上，要重视网络建设，提供信息技术的支持，拓展合作学习的方式与途径，优化教学管理与评价，营造支持性校园文化，促进合作学习走向深度学习。

这是一位教师设计的一堂英语写作课课例，目的是提高学生用英语进行新闻类体裁写作的能力及自我修改反思的能力。为帮助学生理解如何写好并评价一篇习作，首先要让学生主动去探究"好作文"的标准。因此教师首先通过设计阅读活动，引导学生探究新闻类文章的写作与评价要素——结构与语言特征。

导入环节，授课教师从主题图和标题入手，激活学生认知，引起学生兴趣，同时通过追问呈现文本体裁——a story newspaper。引导学生了解新闻故事体裁的特征之一：标题就是新闻内容的概括，为后续的写作搭建了语言支架——新闻故事标题设定。

---

① 参见郭华：《基于深度学习的教学改进》，载《教育科学论坛》，2015(4)。

Step 1：Warming up and lead-in（2 minutes）

教师首先呈现一幅"飞机"的图片，并提问：What's this? Where can we usually see it? S：We can see a plane in an airport。

然后，教师再呈现文本图片，并提问：Where is this plane? S：It is in the river。从而呈现文本及标题：Plane lands in river。接下来教师追问：Where can you find this kind of writing? Ss：A newspaper story。

教师让学生从预测新闻内容开始，引导学生通过快速阅读，梳理出新闻类文章框架结构，培养了学生通过快速阅读文本获取和概括主题思想的能力，为后续的写作做好文章结构上的铺垫。

Step 2：Predicting（2 minutes）

What do you think we'll know after reading the story?

S：where，result，why，when.

Step 3：Read and put the following key words in the chart（3 minutes）

> where, result, how, when, what, Pilot says

Chart:

Para 1

What/when/where

Para 2

How/result

Para 3

pilot says

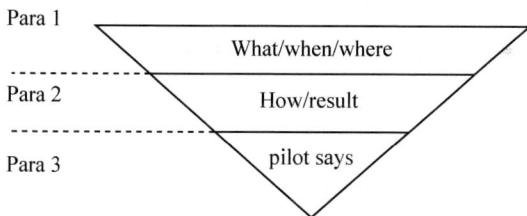

Step 4：Summary

T：In a newspaper story，these questions are answered，and they are answered in different parts.

教师通过让学生比较观察句子的不同之处，引导学生自主发现、归纳出了新闻故事的3个主要语言特征。"观察—发现—归纳"的教学方式把理解文章的主动权交给了学生，引导学生建构新闻故事写作的语言特征，从而加深了学生对知识的理解，也促进了学生自主思考分析能力的发展。

Step 5：Comparing（10 minutes）

① Read the two sentences together.

A：Passengers were quickly guided out onto the wings of the plane by the flight crew and taken into the boats.

B：The flight crew quickly guided the passengers out onto the wings of the plane and took them into the boat.

② Pair work.

T：Compare these two sentences and tell which is better?

追问：why?

S：It uses the past passive voice.

③Find similar sentences from the passage.

Tip：The newspaper story usually uses the past passive.

以同样的方式得出"use numbers and names"与"use adjectives and adverbs"。

接下来，总结呈现写作评价要素，并根据学情，通过问题引导小组合作讨论与主题相关的语言知识，突破学生语言运用的难点，降低写作的难度，拓展思维并建构语言知识，提高学习效率，营造一种"多维互动、合作分享、动态体验"的课堂氛围。

Step 6：Group work：Talk about the pictures about a forest fire（12 minutes）

① 创设情境，学习新词汇：match，dry leaves，catch-caught fire，not control the fire，burn-burnt/burned。

② Work in groups and talk about the pictures by using the words given. The following questions may be helpful.

Picture 1：What was dropped? What caught fire?

Picture 2：What made the fire worse?

Picture 3：What did people do?

Picture 4：Who came to help? What was burnt? Did they control the fire? Was everyone safe?

Feeling：If you were the owner of the house, what would you say after it?

If you were the captain of the firemen, what would you say after it?

然后，呈现清单（Checklist）——写作修改评价具体量化表。清单从新闻故事的结构和语言特征两方面进行设定，学生在写作过程中只需按照清单进行写作，这样对于自己写了哪些内容、缺了哪些一目了然。

表 4-2 写作修改评价量化表

Checklist		Points
	The newspaper story has a headline	1
Structure	The newspaper story has three paragraphs	1
	The newspaper story has answered the six questions	2
	The newspaper story has used the past passive	1
Language	The newspaper story has added details such as numbers and names	2
	The newspaper story has used some adjectives and adverbs	1
Others	No grammar mistakes	1
	Beautiful handwriting	1
Total points:		

写作后，首先教师通过示范学生的典型作品，引导学生根据清单评价作文。然后教师让学生在小组内互评，并给出修改建议。学生根据修改建议及评价标准，自主地对作文进行自我润色。针对互评中出现的疑虑或分歧，教师引导全班开展讨论、协商，最终找到解决方案。同时，教师根据同伴互评量表进行二次批改，了解每次作文的共性和个性问题，提出建议或对策，提高同伴互评的有效性。最后教师展示优秀学生的作品，促进学生之间互相学习、互相竞争。

Step 7：Check（5 minutes）

Invite one student read his/her writing. Then the teacher guides other students to check the writing according to the checklist.

E. g. T：Does the writing have a headline?

S1：Yes，it has. The headline is "Big Fire in Gloria Forest". I think it's a good headline to give us the main message.

修改与评价是初中生英语写作中较薄弱的一块，所以在课堂教学中需要给出修改评价时间和可操作的修改评价量化标准。清单为学生的修改评价指明了方向，使评价更具针对性和公正性；同时学生能找出自己的不足，进行改进和提升。通过最后的习作情况反馈，我们发现，学生的写作积极性大幅度提高，同时二稿的质量比以往高很多，学生期待自己更好的成品。通过要素指引、教师示范、学生自评与互评，学生逐步学会如何写"好"作文，如何"修改"作文。英语写作的能力大大提高，自主学习能力、自我反思能力也得到发展。

(三)基于学情共性开展小组合作

教师在小组合作学习中要当好引领者，引领学生选择预习时的共性问题进行小组合作，激发小组成员共同的学习动机，促使小组成员在对话的思维碰撞中受益，在取长补短、集思广益中培养合作能力、自主学习能力。

教师在教学《关雎》时，把课堂设计为三个环节：朗读——重章叠句：一咏三叹读《关雎》；译诗——比兴入诗：诗情画意绘《关雎》；探旨——领略诗意：披文入理说《关雎》。其中在教学第三个环节时，教师拿出预习单中大多数学生的共性疑问：爱情诗为什么会出现在孔子编的诗歌总集中且还是第一首？然后让学生在独思后小组合作，梳理出君子和淑女形象背后的主旨。

合作探讨的问题具有共性，但问题的答案不必具有共性。我们提倡学生的个性体验和多元解读，在合作中开展思维交流，将对方的观点与自我做比对，实现意义重构或顺应；甚至坚持自己的看法，体现共性中的个性，个性中的自主性。

正如学生在课堂合作交流时所呈现的多元解读。

作者通过这首诗希望与佳人结一段缘，表达了自己对佳人单纯的爱恋之情。淡淡的相思，如皎洁的白月光，如温润的泉水。

这首诗中的爱情显现着温婉矜持的爱情内涵，告诉世人爱要有节制、守规矩。

《关雎》表现了对佳人的爱慕之意，同时也表达出对美好、能为之付出一切却又仍未实现的事物的向往和追求。

这样的讨论兼顾满足全体学生驱动力的需要，解决共性问题，又有个性观点生成。学生在文本解读的过程中独立探究，自我反思，然后围绕共鸣话题碰撞交流，最终形成并提出自己的全新见解，提升了思维能力和创造能力。

(四)学会倾听也是一种合作学习

学生"认知错误"是教学中的常态，传统的教学往往注重对错的评价。注重倾听的课堂就能够分析同学犯错的原因，利用"认知错误"的资源，促使学生认识有关知识，提高逻辑思维能力，实现意义的重构。

倾听是教师与学生沟通的基本技巧，课堂合作学习是一种对话，有对话就有倾听；有了倾听，学生才会自我观照，在自我反思中产生观点或新的意义，才有资格与其他同学进行深入对话。离开倾听，对话便失去了存在的条件，得不到效果与价值。

创设民主平等的对话关系

在传统的课堂教学中，教学关系是一种自上而下的灌注式的供求关系。在这种关系中，教师只关注自己的教学进度及内容完成情况，不关注学生对话的丰富性与多样性。学生受到教师权威的束缚，在情感、语言等方面处于被压抑的状态。课堂气氛紧张，师生关系冷漠。这种机械的和程式化的教学扼杀了学生的自由意志，戕害了学生丰富的内心世界，泯灭了学生独立判断的能力。有效对话教学主张课堂对话不仅仅是狭隘的你问我答的言语交谈，而是师生之间、生生之间各自向对方敞开心扉和充分交谈的活动。① 因此，自主课堂必须通过民主、平等的双向情感交流和心灵沟通的和谐共生，在民主平等中体现师生的互动关系。创设民主平等的对话关系具体有如下三种策略。

一、尊重动态学情的创生对话 >>>>>>>

（一）尊重知识的生成过程

对话就是创造，就是生成，因此创造生成性是对话的基本特征。哪里有真正的对话，哪里就有创造。创造生成性寓于对话之中。一种源自师生思想的魅力，会对教师和学生的知识与智慧构成挑战，并且随时召唤着师生创造力、智慧、才能的涌动与勃发。缺乏对话的教学不可能成

---

① 参见魏敏、张伟平：《有效对话教学问题再审视：以系统科学的视野》，载《现代教育科学》，2015(4)。

为创生性的教学；缺乏创生性的教学不可能是有效的教学，更不可能呈现尊重学生、民主平等的"我—你"课堂关系。

屠旭华老师的《锐角三角函数》一课，把数学知识的生成过程放在了重中之重的位置。屠教师在引入三角函数概念时，并不急于从函数出发，而是先引导学生回顾以下问题：已经学习过哪些图形，在三角形中重点研究哪些三角形，在四边形中重点研究哪些四边形，研究一个图形一般研究哪些要素。接下来屠老师用几何画板引导学生探究直角三角形中边角的关系：当固定一个锐角时，它的边之比是否确定，任取两条边作比有哪几种情况。让学生们在这些数量的变与不变中，找到直角三角形中一个锐角和两条直角边与斜边的比值之间的关系，从而揭示这节课的主题。引入部分消耗了 23 分钟。也许在平时的教学中，很多教师并不舍得花费这么多的时间为学生整理研究的思路，但是当这节课结束时，屠老师问大家有什么想说的时，一名学生是这样回答的：觉得这节课最关键的不是学到了三角函数的概念和计算的方法，而是学到了在研究一个数学问题的时候应该沿着怎样的思路从以前学习的基础出发去进行分析和探究，这样才能揭示数学问题的本质，对数学现象和现象背后的思想方法进行更深层次的探讨。在惊讶于学生精彩回答的同时，我们也在深思"快餐式"上课方式也许在短期内会有比较明显效果，也能兼顾到教学的进度和学生的考试成绩；但是从长远来看，只重知识本身，而忽略知识的生成过程，就如同忽略了知识在学生的头脑中的生成过程。学生在有教师帮助的情况下是可以解决一些问题的；但是当教师一旦放手让他们自己去发现问题、提出问题、解决问题时，他们很可能会因为缺乏经验而无从下手、无路可走，这样又怎么能够真正做到发展学生的思维、提升学生的能力呢？自主课堂中教师重视知识生成过程，其实就是教师尊重知识、尊重学生的体现。

（二）尊重学情，及时调节

不管是学生之间的提问还是教师的提问，在有预设的情况下解决起来会相对方便，因为答案指向是唯一的。但有时候课堂上会生发突如其来的学情。正确应对突发学情是教师应有的教学艺术，更是教师对新型师生关系的把握。自主课堂教学需要教师把学生放在与自己平等的位置，营造尊重、民主的对话氛围，动态地看待学情，动态地关注课堂，动态地调度教学，从而使教师的生本理念得到贯彻，使学生在良好师生关系中获得自主发展。

例如，在一次《小圣施威降大圣》的教学中，教师拟将"你觉得大圣和小圣谁更厉害？（直接说结果，不陈述理由）"这一问题作为导入，再结合文题内容为"小圣降大圣"，首先引导学生来分析小圣的形象。也许是齐天大圣的"威望"在这个班中实在太高，学生呈现了一边倒的现象——均认为大圣更厉害。这个学情既在文本中有迹可循，也是孙悟空形象更深入学生内心的情感惯性使然，与执教者层递式的教学预设产生了冲突。在这种学情背景下，如仍按部就班，结合标题先谈小圣之威并非不可。但无视学情的期待、不尊重学生的观点，可能会打击学生的学习积极性，甚至降低他们对这一堂课的学习接受度。

为此，教师在尊重学生的前提下自然调整教学设计，及时将形象分析的先后顺序进行调换，顺着学生的偏好之趣，并以激将之法为学生就"大圣之威"的探索又添了一把旺火：看来我们都是孙大圣的粉丝，他那神通广大的英姿真是深深扎根在了大家心里，那小小二郎神能奈他何！可是，我们仔细看文章，面对小圣的来袭，我们的大圣却逃跑了。这可不是我们大圣该做的事呀！大圣的粉丝们，你们能结合文章内容说说逃跑的大圣厉害在哪儿吗？这样，教师以"逃跑"这一反常之态为激将点，营造平等民主的对话氛围，充分调动学生对大圣形象进行全面深入的探究。

二、给予学生舞台的互动对话 >>>>>>>

以前教师的职责是传道、授业、解惑，教师更多地认为自己是知识的传授者。而新的课程标准认为，教学过程是师生互相交流、共同发展的互动过程，新型的师生关系是相互尊重、平等信任的，体现一种"我—你"的、互为主体的对话形态。将传统意义上教师的教与学生的学让位于师生的互教互学，师生将形成一个真正的学习共同体。所以，在教学中教师要成为学生学习的促进者。

初中生正处在身体和心理成长的关键时期，有迫切表现自己的愿望，渴望教师给予肯定与尊重；但是苦于经验、知识、能力的限制，他们提出问题、分析问题的能力是有限的。新课程标准提倡教师在教学过程中与学生积极互动，共同发展。教师不仅是学生学习的引导者和促进者，也是学生学习的合作者。只有正确发挥教师在课堂上作为组织者、合作者、引导者的作用，才能激发学生的主体性、主动性，让学生学会学习。教师不能剥夺学生思考的机会，要把思考的时间留给学生，把说的权利还给学生；不能替代学生去发现问题、解决问题，要帮助学生找到有效解决问题的途径，善于引导学生去反思，让学生从解决问题的过程中获得成功的体验和提升的空间，最终实现平等师生关系与课堂教学的有效对接。

"密度"的概念是初中物理科学中的一个重点和难点，也是培养学生探究能力的好素材。课上，教师在讲台上放置了体积和形状相同的铜块、铝块、水、酒精、天平、量筒等器材。出示铜块和铝块，问："大家可以根据什么来辨别铜块和铝块？"学生自然很快答出"颜色"。教师说："颜色是物质的特性之一，有时候我们可以利用物体颜色的不同来分辨。"然后教师出示了两块事先用白纸包裹好的铜块和铝块，问："现在你们还能辨别出来吗？"有学生马上到讲台上用手分别掂了掂，指出较沉的是铜块。教师将外面贴着的白纸撕掉，果然如此，这名学生感到很自豪。"你能说说这么快判断出来的诀窍吗？"学生说："铜比铝重。"大家都知道，这是学生头脑中的前概念。这个前概念有一定的生活经验作基础，但并不严密。"铜一定比铝重吗？哪位同学能把他的意思表述得更清楚一点？"经过一番讨论，学生们得出了"体积相等的铜块比铝块重"。于是教师马上要求学生用天平进行检验，学生真切地体会到了这一结论。接着教师又出示两杯无色液体，告诉学生一杯是水，一杯是酒精，问："你们可以用什么办法区别它们？"很多学生说可以根据物体的气味来辨别物质。教师又问学生："你们认为相同体积的水和酒精质量会一样吗？怎么设计实验加以验证呢？"学生以小组为单位，开展实验，得出了"相同体积的水比酒精重"的结论。此时教师顺理成章地提出了密度的概念。整个过程中，学生一直是活动的操作者，学生的主体地位得到了充分体现。

给予学生舞台的互动对话中，教师不再是独占知识的权威，而是学生学习的伙伴；学生不再是知识的被动接受者，而是怀揣着各自的兴趣、需要和观点，在教师的引导下直接与客观世界进行对话、收获经验的学习主体。师生在探究知识的过程中共建和谐课堂氛围，体现生命的意义与价值。

三、倾听学生争论的平等对话 >>>>>>>

　　对话教学是对"独白式教学"的纠正。"独白式教学"是一种话语"霸权"；对话教学提倡民主平等基础上的碰撞和交流，其精髓是思维同步、认知共振和情感共鸣。在这个过程中，师生暂时搁置固有的看法和观点，移情式地倾听对方的观点，在平等的对话、倾听中促进学生自主发展。

　　在教学《陋室铭》时，有学生在初读文字后提出这样一个问题："课文的题目是《陋室铭》，文中也说'斯是陋室'，可是结尾又引用孔子的话来说这间居室并不简陋，那么这房子到底简不简陋呢？"

　　统观全文，不难发现课文对陋室的描写主要集中在"苔痕上阶绿，草色入帘青。谈笑有鸿儒，往来无白丁。可以调素琴，阅金经。无丝竹之乱耳，无案牍之劳形。南阳诸葛庐，西蜀子云亭"这几句。初读文章，如果只是浮于对字词表面的理解，学生的确会认为这间居室环境幽美，往来相谈的朋友都是志同道合之人，作者在此的生活是快乐悠闲的，从而生出"这间居室究竟陋在何处"的疑惑。一石激起千层浪，教室里瞬间就热闹起来，有认为"居所不陋"观点的声音，也有据理力争"居室简陋"的反对质疑声。

　　教师及时地抓住学生在课堂上生成的这个争论点，以"刘禹锡的居所究竟陋还是不陋"这个问题为主线，带领学生展开了一次"辩论"。在倾听中观察学生，可以帮助教师对学生对话的状况形成基本的判断和认识。

　　在"陋"方和"不陋"方的补充争论下，学生们读到了"苔痕上阶绿，草色入帘青"中的荒凉，也发现了"上"字和"入"字背后隐藏的勃勃生机和作者的欣喜之情；学生们读到了"谈笑有鸿儒，往来无白丁"中的门庭冷落，也发现了陋室访客的贤良儒雅和陋室主人的高洁傲岸；学生们读到了"素琴""金经"背后的室内装饰摆设的俭朴，也发现了陋室主人的高雅脱俗、安贫乐道；学生们读到了"诸葛庐""子云亭"的屋舍简陋，也探讨了蜀国政治、军事家诸葛亮，西汉文学家杨子云的品行高洁、才富五车。

　　争论到此，学生们意识到了他们的"论题"其实是并无绝对答案的。这间居室因环境荒凉凄清、人迹鲜至、屋内几无摆设而简陋，又因环境优雅，作者的交友儒雅、情调高雅、志存高远而不陋。

　　在这一教学环节中，教师适时抓住学生的争论点，通过"辩论赛"的形式将学生分为两个阵营，有效地组织学生进行课堂讨论和补充，将这篇课文最重要的一个学习目标通过这种形式有力地落实了。如果教师没有民主意识，那么这种生成的对话不可能在课堂上发生。

　　需要注意的是搁置已有的观点，移情式地倾听只是最基础的一步。如果只停留于听的层面，缺乏对对话一方观点的深入思考，那么就是对对方的不尊重，倾听也不可能形成真正的对话。

第五章
自主课堂的实例

　　古林镇中学开展自主课堂教学改革已有几年，获得了许多宝贵的经验。各教研组深入研讨，针对不同学科特质，研究自主课堂通用样式与各学科的整合，积累了大量的课堂实录案例及教学反思。

　　自部编版初中《语文》教材问世以来，学校语文组针对"三位一体"的阅读体系，围绕"阅读课转型的方向与策略"这一主题，力求在语文核心素养的语境下，要求教师站在学生的视角，建构教读课、自读课、整本书阅读课"三位一体"阅读教学策略，促进"教读"与"自读"衔接、课内和课外连通、单篇阅读与整本书阅读整合，做出自己应有的思考与探索，从而形成了具有"古中"特色的"三位一体自主课堂"。

　　语文组从学习理论、熟悉教材到分门部署，为阅读教学统一认识；从"单篇研究、单元整合、单元共识、单元实践"四个阶段主动实践，为阅读教学寻找途径；从反思整理保证阅读教学理性操作。我们欣喜地看到，参与研究的教师有了"单元意识、生本意识和策略意识"的回归，有了"组织活动推进阅读、多元理解深化阅读"这两个任务的强化。"石本无火，相击乃成灵光""且行且成长""有道深浅在研思，你我勤学促成长"三个教学设计、案例反思汇编成阶段性成果。

同时，语文组还进行了"同一个议题、多个文本、探究式教学"的群文教学探究，大胆尝试了跨学科教学。在第五章的实例中，《变色龙》《溜索》《儒林外史》分别是教读课、自读课、整本书阅读课的范例，《穿井得一人》和《掩耳盗铃》为群文阅读范例，《三峡》为跨学科教学的范例。

在语文组积极探索自主课堂的影响下，数学组提出"过程教学的自主课堂"，英语组提出"基于 TSCL 要素的读写评整合的自主课堂"，科学组提出"基于探究的自主课堂"，社会组提出"素养·情境·问题下的自主课堂"，使自主课堂样式与各学科特质有效融合，并积累了大量的学科案例，从而为全面推进学校自主课堂扬起了改革的风帆。

《变色龙》实录片段及反思

【实录片段】

通过汇报预习单的方式，学生们对小说《变色龙》迭变的情节已经有了整体把握，对主人公的形象也有了初步感知。在此基础上，教师引出本教学片段——"品人物、识对比"。以下主要为品人物语言。

师：通过情节的比读，我们对主人公有了一个大概了解。但情节只是一个大的框架，让我们看到了主人公形象的一个轮廓，却没法让我们走进他的内心。我们发现，小说的情节多由对话组成，下面我们从语言出发品品人物。

（1）教读：比称呼

PPT：

23"这是条野狗！用不着白费工夫说空话了。既然普洛诃尔说这是野狗，那它就是野狗。弄死它算了。"

27"这小狗还不赖，怪伶俐的，一口就咬破了这家伙的手指头！哈哈哈……得了，你干什么发抖呀？呜呜……呜呜……这坏蛋生气了……好一条小狗……"

师：男生朗读上面一段，女生朗读下面一段。

（学生朗读）

师：其实，比读的点可以找的小一点，如称呼。

（教师板书："称呼"）

师：这两段中奥楚蔑洛夫对狗的称呼有什么变化？

生：从连续三个"野狗"到"小狗""你""这坏蛋""小狗"。

师：很好，那为什么会发生这样的变化？从中你看出了主人公怎样的形象？

生：将军家的厨师说"我们那儿从来没有这样的狗"，所以断定这是"野狗"。后来得知是将军哥哥的狗时，为了讨好将军，所以改变了称呼。可以看出主人公的趋炎附势。

师：说得真棒。下面我们再请两位同学分别读一下这两段，注意重音和语气。

（学生朗读两个段落，其中一名学生语气较平淡）

师：第23自然段中"那它就是野狗"，哪个词要重读？

生："就是"。

师：对，"就是"要重读，读出凶暴的语气，体现主人公对下的欺压。你再来试试。

（学生再次朗读，声音有所起伏，开始关注重音和情绪）

师：有进步。那谁来说说27自然段中"你""这坏蛋""小狗"该怎么读呢？

生：要读得亲昵一点，有点嗔怪的感觉。

师：很好。你来试试看。

（学生声情并茂地朗读）

师：通过比读，我们读出了一个活灵活现的警官形象。下面我们来总结一下比读方法：首先要找到一个小的"比读点"（如称呼），然后再看看比读点后的"差异点"（"野狗"到"小狗""这坏蛋"），最后还得思考差异背后的"意义点"（称呼变化的背后是狗主人身份的变化，是主人公对权势的趋附）（PPT："比读"旁边依次显示"比读点""差异点""意义点"）。除此之外，你还能从文中找到其他比对之处吗？

（2）多角度比读

PPT：

【小组活动】小组讨论，任选一个角度比读，说说你从中看到了一个_____（关键词）的奥楚蔑洛夫形象。（角度，如称呼、语气、动作等）

将角度、关键词写在白板上，小组派代表简述理由（比读点、差异点、意义点）。

（8个小组展开热烈讨论，小组代表在白板上写下角度和关键词，纷纷上台贴白板）

（教师将白板按角度分类，板书"语气""动作"……）

师：下面我们先请第五组派代表来说说。

生：我们是从"称呼"角度来比读的，从中看到了一个"虚伪"的奥楚蔑洛夫的形象。请看第 10 自然段，"你这种人啊……是出了名的！我可知道你这些鬼东西是什么玩意儿"。而第 17 自然段却说"你呢，赫留金，受了害，我们绝不能不管"。刚刚还骂他"鬼东西"，这会儿又叫"赫留金"。因为一开始有人说这是将军家的狗，警官很心虚，所以污蔑赫留金，骂他"鬼东西"；后来听说不是将军家的狗，就叫他名字，可见他的见风使舵和虚伪。

（教师板书："见风使舵"）

师：很好，看出了他的见风使舵和虚伪。第七组也选了"称呼"，他们看到的是警官的"阿谀奉承"。我们发现白板上有三个小组都选了"语气"，先请第六组来说说。

生：我们是从"语气"角度来比读的，从中看到了一个"装模作样"的警官形象。请看第 20 自然段和第 25 自然段，第 20 自然段中奥楚蔑洛夫说话语气很慌乱，第 25 自然段中语气比较谄媚。因为他刚刚还骂这条狗是"下贱胚子"，怕得罪将军，所以有点心虚；后来听将军家的厨师说这是将军哥哥的狗，所以就变得谄媚起来。

（PPT：第 20 自然段和第 25 自然段）

师：语气从慌乱到谄媚，怎么看出来的呢？大家再仔细看看这两个段落，还能发现什么？其他组有没有补充？

生（第二组）：我们也是从"语气"角度来分析的。我们发现第 20 自然段用了很多感叹号和省略号。感叹号可以看出他的凶暴专横；省略号表示说话结结巴巴，很紧张。

（教师板书："凶暴专横"）

师：奥楚蔑洛夫是不是每次说话都结结巴巴呢？

生：不是。当有人说狗不是将军家的时，他说话很流畅；当有人说狗是将军家的时，他就变得结结巴巴。

师：看来一个小小的标点符号里就大有乾坤。对下专横跋扈，对上谄媚逢迎，有个词叫？（师板书："媚上欺下"）下面请你来读一读第 20 自然段，把这种慌乱的语气读出来。

（学生有感情地朗读）

…………

【教学反思】

初中语文部编版教材总主编温儒敏先生说过："过去的阅读教学课型几乎没有变化，没有节奏，全都处理成精读精讲，老是那一套反复进行，学生能不腻味？以分析性精讲记忆为主的教学方式，的确太死板，压抑了学生的自主性学习兴趣和读书的兴趣。造成教学低效的问题很多，课型定位不清，教法不明，就是关键。"2017 年 7 月，教育部组织编写的新的语文教材正式投入使用，在课型定位上做了调整：改"精读"为"教读"，改"略读"为"自读"，增加了"课外阅读"，形成"三位一体"的单元整体式课型结构。部编版教材中关于"课型"的分类与定位引发了语文课堂教学的变革，促进了一线教师主动参与课程改革，以适应与教材的无缝对接，从而引发了教学观和教学方式的改变，引发了一场更为自主的课堂教学革命。

为此，古林镇中学顺势要求在自主课堂改革的核心理念下，进一步落实部编版教材的精神，关注"教读课、自读课、课外阅读"的教学方法与阅读策略教学，使"三位一体"的教学与自主课堂融合，体现语文学科独有的自主课堂特点，使学生在学习阅读策略的过程中更有效、更深入地进行自主合作、对话与探究。教师在授之以鱼的同时授之以渔，实现学生从"被动接受知识的容器"转化为"主动学习的探究者"，从而真正提升学生的自主学习能力。

《变色龙》是部编版九年级下册第二单元的一篇教读课文。教读课是通过教师的"教"，帮助学生学会阅读、学习语文的一种课型。课堂中，教师创设学习活动，提供阅读策略，通过示范引领，使学生获得这种阅读策略并能完成适当迁移。也就是说，教读的要义在于教师"教"，其目的在于让学生"得法"。

下面从"基于学情，取舍内容""策略指导，引领学习""组织活动，推进阅读"三个角度出发，说说自主课堂背景下这堂小说教读课品人物部分的具体实施情况。

一、基于学情，取舍内容 >>>>>>>

自主课堂的核心是以学生学习为本位。因此，精准地把握学情就显得十分重要。本堂课教师通过预习单的形式，整理、分析学生的问题，进而确定教学内容。

如在预习单"质疑问难"部分，教师在对 400 多份(试教 10 个班)预习单进行整理后发现，许多学生的问题都集中在"人物"这一层面。例如，"为什么一开始奥楚蔑洛夫说这条狗为野狗，语气极坏，而后来又改变态度说这小狗还不赖?""为什么文中多次提到奥楚蔑洛夫穿、脱大衣的动作?""文中描写奥楚蔑洛夫的语言为什么多处用了省略号?"等。

通过自主预学，教师发现学生对主人公的语言、动作十分关注，也注意到了文中的对比写法。基于学生的兴趣点、质疑点，教师设计了"品人物、识对比"环节，并将此作为教学重点。

二、策略指导，引领学习 >>>>>>>

自主课堂强调教师对学生学法策略的指导，这与教读课的要义不谋而合。同时九年级下册第二单元的单元目标提示为"通过比较阅读的方式，体会不同风格的小说写人手法的异同"，也体现了教材编写者的要求和意图。故在本堂课上，教师将"比读"定为品析小说人物的主要策略。

教师在教《变色龙》时，把教读课定位为学"法"。先让学生自由阅读两段文字，引出比读策略。在引导学生关注"称呼"的过程中，让学生细读、品读、议读文本。在"称呼"比读、朗读指导中，学生走进人物内心，掌握比读策略，这一阶段是教师主导下的对话。然后搭建阅读平台，让学生选一角度全文比读，指导学生从"比读点、差异点、意义点"上细心研读揣摩，完成对文本的理解与感悟。

从中不难发现，教读课重在学"法"，这个"法"不仅指方法、策略，还指效法、移用的能力。教读课姓"教"，名"读"，教师要从阅读方法和阅读策略着手，重视策略讲解、有效引导，教给学生阅读策略；也要重视引导学生细读、品读，在合作、对话中尝试运用迁移策略，逐渐形成阅读经验。

在教师的有效指导下，学生从自学走向再学。方法策略的铺垫为随后学生"学的活动"，即为自主课堂的自主探究、合作交流奠定了基础。

三、组织活动，推进阅读 >>>>>>>

在自主课堂中，学生需要通过学习共同体的形式开展学习活动，在自主合作、对话交流中解决学习过程中的困惑。在教读基础上，教师通过创设活动，细化学习任务，让学生运用比读策略，从任一角度出发探究人物形象。课堂上，学生们展开了热烈的讨论。小组在内部深入的对话与合作中进入文本内核，进一步理解了人物形象。组与组之间的分享更是思维的碰撞，让学生在对话中自我探索、选择、建构、创造知识，学习运用并自主调整比读策略，在自主品读鉴赏中获得自我体验，实现策略掌握与知识建构，培养了自主探究能力，也培养了团队协作精神。

简而言之，自主课堂教学要真正让学生成为学习的主人。教师应结合教读课课型特点，提供方法指导，使学生在策略指引下获得攻克难题的武器；在学习共同体的帮助下，提高探究问题的效率，最终激发学生学习的内驱力，使学生提升学习自信心，进而获得自主学习的能力，促进终身学习。

（许鹏浩、陈成执笔）

《溜索》实录片段及反思

【实录片段】

师：同学们，今天让我们一起学习阿城的短篇小说《溜索》。到底要用什么方法来读这篇小说呢？请大家回忆上节课《变色龙》中我们学到了哪些具体方法。

生：比读策略。

生：找到那些具体的描写，进行比较。

生：找到细节，比较环境、动作、语言、神态等具体点。

师：《溜索》是一篇自读课文，那我们又如何自读呢？

生：也是运用比读策略。

生：可以关注阅读提示。

师：我们一起把阅读提示读一下，看一下阅读提示告诉我们读小说可以从几个角度切入。

生：通过环境、情节。

生：马帮汉子和首领人物。

生：还有"我"的观察叙述视角。

师：好！今天我们就从这四个角度来解读这篇小说。大家结合所做的预习单，先独立思考，然后小组合作交流 3 分钟，以小组为单位进行展示对话。

学生展示自读成果。

（1）环境

生：对怒江的环境描写有两处反衬：一处是鹰的表现，另一处是牛马的表现。鹰的表现其实是为了突出环境肃杀的特点，衬托出怒江的凶险。第二处是牛马的表现，牛是尿失禁，皮肉开始颤抖，这是侧面描写。通过牛马对环境的感受，表现环境的艰险、险峻。

生：我们找的是关于怒江的描写。第6自然段中"深远"和"隐隐"可以体现出那个陡崖之高，众人所处地势之高。"森气"这个词表现出怒江奔腾的感觉，使溜索的过程显得更加艰难。第23自然段写的是怒江像是一股尿水，细细流着。把怒江比作尿水，表现出汉子们过了溜索后恐惧心理都像尿水被冲淡了，表现出他们的勇敢。他们觉得怒江也不再阴森恐惧，已经超越和战胜了自己。

师：小说中对怒江的描写是怎么样的？

生：我觉得小说中有着一派森气，把怒江描写得有一点诡异，但是在现实生活中怒江应该是气势浩大的。

师：是非常雄壮的，但是这里描写得非常阴森。你们都关注了视觉，其实这里还有听觉。现实生活中，我们会用咆哮来描写怒江，但是小说中写的是"隐隐喧声"。所以，这种陌生化的感官让我们对怒江有了一种全新的理解。怒江因为地势高，流水才像细流；因为地势高，所以声音才会听得不真切；因为地势高，所以与环境是融为一体的。

…………

师：好，我们通过比读怒江和鹰、怒江的环境和人物在环境中的表现感受到了怒江的凶险。现在，我们一起来看看汉子们。

(2)汉子们

生：我们小组通过比较马帮汉子们和牛的表现来分析。瘦小汉子面对悬崖峭壁，"嗖"一下过去了，如带一缕黑烟，体现了这个瘦小的马帮汉子过江速度之快。"牛软下去，皮肉开始抖起来。"牛的丑陋形态可以反衬出汉子们面对危险时的临危不乱，同时也可以衬托出环境的艰险。

师：临危不惧、英雄般的形象。别的组来补充一下。

生：我们组找的是马帮汉子和"我"的对比。瘦小汉子是"一跃就已经入套了，脚一用力，嗖的一下飞身小过去"；但是，我"战战兢兢站上去，俯身看海"，体现了我的恐惧、害怕及马帮汉子的英勇无畏、身手矫健。

师：好，请坐。两个小组都抓住这个句子"嗖的一下"。其实阿城非常擅长用常见的词语表现人物形象，这个句子你觉得最精彩的地方在哪里？我们也通过比读的手法来欣赏一下。你觉得最精彩的是哪几个字？我听到了"嗖"，也听到了"小"。如果让我写，可能也是写"嗖"的一下滑过去或者是"嗖"的一下飞过去。哪个更好？先小组交流一下，然后再回答。

生：因为"小"这个字是不常用的，它对我们来说有陌生的感觉。

师："嗖"就是有种声音，你觉得"小"字不常用，很新鲜，是不是？还有补充吗？

生："小"字就是把在人眼前缓缓消失的形态表现出来，就是溜索溜过去，他在人的视野中越来越小，就体现了峡谷的凶险。

师：峡谷很开阔，而且视线的物理变化是近大远小。速度快，有种动态的感觉。所以，这个"小"字有种动态的感觉。刚才第一位男生说了"嗖"字有一种声音的画面在里面。所以阿城擅长用这种动态的、有声音的画面为我们展现人物特色。来，刚才第一位男生，为我们读一下这个句子吧。

（生读）

师：你觉得"嗖"字要怎么读呢？

生：轻快点。

生：就说明速度快。

师：哦，轻快点，快点是要表现速度快。有不同意见吗？要读得轻吗？

生：因为他是瘦小汉子。

（众笑）

师：结合刚才后面一位男生说的，视觉上是近大远小，那么听觉上呢？

生：逐渐减小。

师：所以怎么读更好一点呢？一开始稍微重一点，然后慢慢地变轻。

生：读不好。

师：还有点紧张是不是，没关系，请坐。来，男生们一起读。还是要有点力，溜索肯定是要力量的对不对，但是由重到轻。

生："小"字也要重读。

…………

师：我们通过比读汉子们与"我"、与牛马溜索时的动作、神态，感受阿城用动态声音的画面来塑造人物形象，就能感受到汉子们身手矫捷、临危不惧、英勇无畏的形象了。我们一起再读这一段，体会它的精彩。

…………

师：就像刚才同学所说的，其实小说的叙述视角还与小说的主题有关，很多同学在预习单中都问："这篇小说到底想表达什么啊?""小说的主题是什么?"比读了"我"的叙述视角和首领的叙述视角之后，你能回答这个问题了吗？请先小组内交流，然后小组间对话。

生：赞美马帮汉子。

生：赞美怒江。

师：我们一起来看看著名学者王德威先生的解读，你又感悟到了什么？齐读。

生：赞美一股生命力。

生：对像汉子们一样的人物的赞美。

师：同学们，这节课我们运用比读策略，感受到了多感官描写下滇西奇险、陡峭的环境，感受到了首领和汉子们溜索时有动有声的画面，感受到了首领从语气中流露出的权威和谨慎。通过比较"我"的视角与"首领"的视角，感受到了"我"的视角带来的现场感和刺激感。这所有的一切让我们感受到了阿城对人最原始的、最顽强的生命力的赞颂。课后希望运用比读策略，从情节、环境、人物和叙述四个角度阅读自读课文《蒲柳人家》。

【教学反思】

自读课是以培养自学能力为目标、以自读课文为材料、以学生自我阅读实践为主线，充分激发学生主体意识，让他们自求自得，使在教读课上所得的知识、方法和能力有效迁移和拓展的课。①

在统编初中语文教材"三位一体"阅读体系的构建下，教师要激发学生自主学习的兴趣，培养学生阅读自读课文和整本书的能力，就要将教读课的阅读方法和策略迁移到自读课中去。从单元结构上看，自读课居于教读课和课外阅读之间，其在足够的教读基础之上，又在有效的课外阅读形成之前，应当成为连接这二者的纽带与桥梁。学生在教读课中习得的阅读策略和方法，需要在自读课上自主、灵活地运用；同时，学生通过自读，在教师的指导下，生发出更具提炼性、迁移性的阅读策略和方法，进而转化为课外阅读中的个体经验，沉淀为自主阅读的能力。

---

① 参见陈怀赟：《自读课教学方法探寻》，载《语文教学与研究》，2003(7)。

自读课以学生为主，教师仅是阅读的指导者、辅导者，学生是自读的主角和学习的主体。当然，学生运用方法和策略进行自主阅读，不等于粗读或泛读，不等于教师放任不管。教师要运用启发引导，让学生自主学习，采取自主、合作、对话方式，在有效的点拨指导下促使学生自主深入探究，让学生把自读课中所学策略运用到更多的选文阅读中，进而提升学生的自主阅读能力。

　　在自读过程中，自读课的对话更为自主，通常是教师适时、适量点拨、指导，学生进行自主活动、自主阅读、自主探究。自读课的"读"更为自由、灵活，教师较少限制、干预，只是从文本整体角度或重难点角度点评、追问一下，把握学生阅读方向，指引学生深入探究文本。自读课的策略更注重自主运用，在自主选择策略中深入阅读文本，在组间展示中调整策略，从而巩固运用教读课所学策略的能力。

　　自读课的课型特点也正好体现了自主课堂的核心理念。《溜索》是一篇自读课文，教师在自主课堂教学时，需要引导学生运用教读课中学到的比较阅读策略，放手让学生合作、对话、探究，在培养自主学习能力的过程中体会阿城作品的风格，提高文学鉴赏能力。

一、学生在以自读为主的开放情境中对话 >>>>>>>>

　　教学是一个有效对话的过程。在自主课堂教学中，教师特别要创设开放式的自主对话形态。在《溜索》教学中，学生参与的对话主要体现在三个方面：课前与文本对话，课中与师生对话，课后与自我对话。

　　首先，课前与文本对话。教师通过设计预习单，让学生在充分自主阅读体悟的基础上，与文本进行对话，引发学生对文本内容和写作手法的思考；在"质疑问难"环节，让学生提出一至两个自己不能解决的问题，展现静态学情。教师根据学生自主预习对话情况，发现学生对小说主题的理解存在问题，因此将教学难点确定为"理解阿城的小说的特点"。

　　其次，课中与师生对话。语文课上的合作对话主要体现在师生对话、生生对话两个环节。学生通过课前的自主阅读，对文本已有了独特的理解和思考。在教学中，教师就可以抓住某一点进行深入分析。例如，在课堂上针对环境描写，有的小组侧重从鹰和牛马的角度来感受怒江环境的奇险；有的小组在此基础上补充，关注直接描写怒江的语句。教师对两组的分享进行深入点评，帮助学生总结提升。可以说，尊重学生自主对话的课堂才是以生为本的课堂。

最后，课后与自我对话。知识是一个自我建构的过程，自我对话的关键是进行自我反思。学生在反思所学中与自我对话，提升感悟，调整策略，提高自主学习能力。在《溜索》教学中，教师通过设计迁移运用的作业——"运用比读策略，从情节、环境、人物和叙述四个角度阅读自读课文《蒲柳人家》"，来帮助学生掌握并反思所得的方法，在再次自我对话中调整阅读策略，提高学习效果。自主反思是学生与自我的进一步对话，是提升核心素养的关键。

二、教师根据动态学情进行点拨引导 >>>>>>>

语文课程标准明确指出"学生是语文学习的主体，教师是学习活动的组织者和引导者"。因此，在自主课堂中，教师尤其应时刻关注动态学情，根据学情来创设自主、合作、探究的课堂气氛，让学生在自主学习和合作学习中切实提高语文核心素养。

在《溜索》教学中，教师关注到学生并未能深入理解阿城笔下简洁凝练的语言，但两个小组在分析汉子们的形象时，都关注到了同一个句子——"嗖的一下小过去"。教师立刻抓住学生这一动态学情，以这句话为切入点对学生进行朗读指导，引导学生体悟阿城语言动态和声效的特点，从而在关注学生动态学情中因势利导，把文本阅读推向深化。根据动态学情的点拨，在关注学生兴趣点、疑惑点中充分体现了学生的主体地位，提高了教学的有效性，更使学生的创造潜能得到发挥，自主意识得到提升。

三、自主学习的支架策略指导 >>>>>>>

自 2016 年施用统编教材以来，关注语文学习的策略、方法，给予学生学习支架成为语文界关注的要点。在自主课堂教学中，教师要放手让学生自主独立探索，教给学生对话阅读的策略，就必须关注学生支架策略的指导，使支架策略成为学生与文本之间的桥梁，成为教师教学的重点。

正如叶圣陶先生所说："语文教材无非是个例子，凭这个例子要使学生能够举一反三。"因此，自主课堂的教学要朝着促使学生"反三"这个目标进行，通过支架策略的指导，充分激发学生的自主能动性及合作探究能力。

在《溜索》教学设计中，教师根据自读课要充分关注支架策略的课型特点，对学生进行阅读指导。所谓自读，就是学生运用在教读课中获得的阅读经验自主阅读，练习使用阅读方法，培养阅读能力。基于自读课所用策略的要求和自主课堂要教给学生对话探究方法的特征，教师站在教读课、自读课一体化教学的思想高度，把教读课《变色龙》中"通过环境、动作、语言、神态等进行对比，找出比读点、差异点、意义点，来解读一篇小说"的比读策略，运用到自读课《溜索》的教学设计中，让学生从"情节、环境、人物和叙述"四个方面进行比读，要求找出比读点、差异点、意义点，使学生在运用支架策略中学会自主合作探究的学习方法。

（许鹏浩、汪迟执笔）

第三节

《儒林外史》实录片段及反思

【实录片段】

师：刚刚我们说了很多组对比，我在改预习单时发现××同学从一个特别的角度进行对比。她说在祭祀这么严肃的场合，参加祭祀的众人都讲究礼节，却来了个卖花牙婆，可见这是严肃与荒诞不经的对比。但是这位同学没有进一步的阐述，不如我们来帮着思考一下卖花牙婆是什么职业。

生：是人贩子。

师：对，那她做了什么举动呢？

生：她打着一双脚，走上阁来。

师：最让人大跌眼镜的是她的什么举动？

生：她一手扶着栏杆，一手拉开裤腰抓虱子，一个一个往嘴里送。

师：那这个对比是严肃与什么的对比？

生：别人都很严肃，她却很随意。所以是庄严与随意的对比。

师：我们可以说是庄严与随意，或者是与荒诞、诙谐的对比。这只令人恶心的虱子有没有象征意义呢？我们一起来填个空。"那一个一个往嘴里送的虱子是一种绝妙的嘲弄，权卖婆吃掉的岂止是虱子，被吃掉的还有_____。"大家结合这一节的内容，在小组中进行合作交流。

生：她吃掉的还有一部分封建思想。因为这是祭祀活动，在那么庄严的祭祀活动中，她却做出了这么粗鲁的行为，明显是在挑战祭祀的氛围，产生了极大的矛盾。所以我认为她吃掉的还有封建思想。

生：我认为她吃掉的是方六老爷假惺惺的孝。方六老爷在那么庄严的活动上竟然能够和一个非常不讲究礼教的权卖婆一起伏在栏杆上，还笑容可掬地为她一宗一宗列举祭祀的活动，可见方六老爷并不是很在乎礼教这种东西；并且看了书之后，我们可以发现，其实方六老爷是一个假孝的人，不是真正孝顺的人，所以她吃掉的不仅是虱子，还有方六老爷的虚伪。

…………

师：小说到第55回四大奇人出现并没有结束，还有第56回，这一回也是同学们疑问最多的一回。××同学感觉这一回画蛇添足，也有同学怀疑这一回不是吴敬梓写的。我们先来看看有关这一回的第一个疑问，有6位同学觉得开头两段的描写有点奇怪。奇怪在哪里？

生：他说"天下承平已久。天子整年不与群臣接见"。天子整年不与群臣接见，他怎么知道天下"承平已久"？

师：那么天下真的"承平已久"吗？

生：各省水旱偏灾，流民载道。

师：可见天下并不太平。那第2节怎么奇怪了？

生：皇上说自己"宵旰兢兢，不遑暇食"，但是他并没有处理水旱天灾这些事。

师：但是他看起来又非常懂得标榜自己尽用人才。我们刚刚说比读的时候要善于抓住矛盾处、反差处。在这两段内，矛盾的地方实在太多了，我们在这些矛盾的语言中看到了一个怎样的皇帝呢？

生：皇帝是个虚伪的人。因为他不上朝，却说自己勤勤恳恳，忙到没有时间吃饭。

师：就是这样一个虚伪、不善治国的皇帝，我们怎么能够相信他的幽榜能够公正地选人呢？这就是接下来更多同学的疑问。有8位同学问道：作者在前文中强烈讽刺过的人物为什么也进入了"幽榜"？

无论这一回的作者是吴敬梓还是其他人，从这一回的文字来看，这位作者都是一位水平很高的文人，即使他再大意，难道连牛浦、匡超人、严贡生之流曾遭到作者无情的讽刺这些最简单的事实都搞不清楚吗？他要避免这些所谓低级错误岂不是轻而易举？那么，他为什么还会这样写呢？我们要来猜一猜（小组讨论）。

生：这个"幽榜"是鱼龙混杂的，有些人没有真才实干却依靠作弊的手段登上了榜名，而那些有真才实学的却没有上榜，突出了当时社会制度的黑暗及统治者的昏庸无能。

师：为了加强讽刺效果，可以发现作者还是冷静的。还有吗？

生：可能是吴敬梓对这些人产生了一种感情。因为吴敬梓从40多岁开始写《儒林外史》，这些人陪伴了他大半生。吴敬梓对他们产生了怜悯之情，终究给了他们一个美好的结局。

生：一方面利用这个来讽刺皇帝，另一方面也是同情。那些人的学问其实是有一点的，541页中说他们只不过就是"不能自治其性情，自深于学问"。

师：所以吴敬梓如此对他们，表达了深深的理解和同情，"亦不得不谓非资格之限制有以激之使然也"。最近披露的一则新材料，吴敬梓的好朋友宁楷的《儒林外史题辞》证实了第56回是吴敬梓所作。宁楷读《儒林外史》时吴敬梓还在世。在《儒林外史题辞》中，宁楷直接引用了第56回的文字，概括明神宗分封之事。他还说"虽立身之未善，实初念之堪怜。得阐发以显沉埋，非瑕疵所能委翳"。他读这一回，读出的也是宽容与同情。

…………

【教学反思】

自从语文单独设科以来，我国的语文教材基本沿用《昭明文选》模式，语文课程内容的主要载体是"课文"，单篇课文研读成为语文教学的主要形态。在教学中，尤其是在课堂教学中，单篇课文的优势显著：能够在规定时间内完成相对完整的教学内容，同类课文的组合彰显文体基本特点；学生集中一段时间学习某类文体，比较容易形成完整的概念。与单篇课文相比，整本书在提升学生阅读能力方面也有其独特优势：记叙、说明、描写、议论、抒情等表达方式，可能都会出现在一本书中，而且交替出现，有利于提高学生辨识能力和综合运用能力，有利于培养具有综合思维的复合型人才。学生集中一段时间专注于一本书，能够更好地建构阅读方法，养成阅读习惯。早在20世纪20年代，语文教育研究者就已经看到了整本书的教学价值，并提出了用整本书推进语文教学的主张。

整本书阅读的基本课型包括推荐导读课、过程指导课、成果展示课。推荐导读课的功能是激发学生的阅读兴趣，引导学生了解整本书的要点，帮助学生做好阅读计划。过程指导课是教师通过学程设计，解决学生在阅读过程中提出的问题，用多种策略引发学生的认知冲突，并借助师生交流化解冲突。成果展示课不仅要展示成果，还要在原有基础上有所提升，实现学生阅读能力的进阶发展。成果既包括阅读过程中的感悟发现，又包括阅读策略使用上的经验积累。

可见，整本书阅读重视学生的主体地位，基于学生自主阅读下的兴趣激发，针对学情问题的解决，教给学生阅读的策略与方法，搭建成果展示的对话平台，全面提升学生的多元素养，与自主课堂倡导的理念吻合。

下面就《儒林外史》一课为例，从三个方面来谈谈自主课堂教学中上好整本书阅读的方法。

一、学情问题是交流的话题 >>>>>>>

整本书阅读最怕放任阅读。学生在笼统的要求下进行阅读，只能是浮光掠影，不会更多地去思考作品的深层含义。教师可以把学生感兴趣的问题作为阅读主题切入整本书阅读，在分析问题、解决问题的基础上有效地推动学生对整本书阅读的理解。

自主课堂强调课堂教学一定要基于学情，根据学情来确定教学目标及内容。本堂课最突出的特点是不露痕迹地将"讽刺"艺术与学生的兴趣点有效结合：所有问题均是学生的问题，所有问题的攻克都得益于学生自己的探讨交流，真正做到了每一个问题的解决都能提升学生的能力。

这堂课的主问题是一名学生提出的，如何理解鲁迅先生对这本书的评价："戚而能谐，婉而多讽。"首先理解"讽"，即讽刺。教师以比读作为切入点，要求学生围绕这一问题，通过比读的阅读策略从三个角度进行分析理解：同一人物前后态度变化，人物自身言行矛盾，同一场地不同情景。并要求学生在预习时整理，提出还能有哪些角度的比读。

在进行整本书推进课备课时，教师整理学生在预习单中提出的疑问，发现大家对第56回提出了不少意见。有学生说这是蛇足，认为到"四大奇人"结束更留有余味，怀疑这一回是后人补写的；有学生发问："作者前文中强烈讽刺过的人物（匡超人、牛浦、严贡生、权勿用之流）为什么也进入了'幽榜'？"这些疑问很有意义，于是教师就让学生们在推进课上大胆作一猜测。

二、教师是对话的推动者 >>>>>>>>

自主课堂以学生为中心，给予学生充分的对话机会，通过教师点拨、引导推进多元对话深入，促进知识的建构。因此，在整本书阅读的分享讨论中，教师必须隐藏在学生后面，一般不直接参与讨论；但在必要时要推动讨论，在学生分析发现后归纳提炼阅读策略与方法。学生借助小组充分合作交流，开展组间思辨，促进知识重构。

本课中，有关书中的对比形式，不少学生提出可以从情节的前后对比、性格的对比、细节的对比、思想观念的对比、同种身份人物的对比来进行分析。其中有学生从一个特别的角度提出问题。她提道，在祭祀这么严肃庄严的场合，参加祭祀的众人都讲究礼节，为什么却来了个卖花牙婆。这名学生提出的问题很有意思，也是一个很好的对比。但由于没有结论，因此教师引出了对话的议题：严肃庄严中，来的卖花牙婆做的却是"吃虱子"这种荒诞的行为，这实际上是庄严与荒诞的对比，这个对比有什么用意呢？

教师以"那一个一个往嘴里送的虱子是一种绝妙的嘲弄，权卖婆吃掉的岂止是虱子，被吃掉的还有＿＿＿＿＿＿＿＿＿＿"为题设计活动，让学生指出小说中还有没有类似情况。严肃庄严与荒诞不经一经对比，其中对假孝、对所谓伦理道德的讽刺的意味不言自明。

教师运用学生的发现与思考，创设自主课堂的对话平台，有利于吸引学生的思考兴趣，激发他们的挑战欲；同时，抓住"象征"这一写作手法，利用填空的形式，将复杂的问题形象化，可以引导学生深入理解文章内涵，也给学生提供了一条思考问题的途径：象征，往往蕴含着主题的深意，可以进一步增强对话的有效性。

三、培养思辨能力是阅读的目标 >>>>>>>>

吴欣歆博士认为："学生的思维能力要在实践中实现发展，运用不同思维方式完成阅读的过程，也是学生思维发展与提升的过程。通过推动学生认识过程的完善，整本书阅读也在推进学生核心素养的发展。"①那种所谓直觉感悟和语感体悟，都无法让学生真正进入整本书阅读的空间。因此，理性分析、批判思辨、猜读论证等思维形式就显得更加重要，这也是时代赋予的育人目标。

在猜读环节，学生的猜测各种各样，但看得出是努力根据小说的材料来为自己的判断作证明的，这是非常可喜的。等学生们讨论到白热化程度时，教师出示一则材料，吴敬梓的好朋友宁楷的《儒林外史题辞》证实了第56回是吴敬梓所作。

教师之所以没有事先给学生这个结论，而是在学生猜测推理之后再给予佐证，是为了让学生体会阅读成功的喜悦。虽说一切似乎都是学生在假设，但这假设的背后正是学生对作品深入具体的分析。正如美国密歇根州立大学写作、修辞与美国文化系助理教授王西桥所说："'具体分析'不同于'印证式分析'，不是为结论找依据，而是为问题找解答。在寻找合理解答时，应深入文本，潜心细读，理清作品的逻辑思路，发现作品的'独特'意义。"②这样的教学环节设计，正是基于对学生猜读论证意识的培养，基于对学生理性思维能力提升的思考。

对于这一回学生还有一个有意思的疑问：在书中，杜少卿属于作者的化身，他这么一个讨厌科举的人，竟出现在"幽榜"一甲第三名，有些不可思议。有了前面的基础，在小组讨论"如果你是吴敬梓，当你把自己的化身放进'幽榜'的时候，你在想些什么？"时，学生的分析就更加理性了，他们把思索点放在了吴敬梓自身的局限和时代的悲剧上。学生在推测求证中进行批判性思维，在思辨中推进阅读，从而提升思维能力。

（许鹏浩、陈烈燕执笔）

---

① 吴欣歆：《阅读整本书，整体提升语文学科核心素养》，载《中学语文教学》，2017(1)。

② 王东颖：《在具体分析中发现"独特"——"思辨性阅读与表达"任务群教学案例》，载《中学语文教学参考》，2018(3)。

第四节

《穿井得一人》和《掩耳盗铃》实录片段及反思

【实录片段】

教师用寓言故事导入这组群文阅读后，用朗读提炼关键词策略和预习汇报形式解决文言问题，在疏通文言和了解两则寓言故事内容的基础上引出本文教学实录片段。

小组活动：结合文中的关键词，说说这两则寓言"闻"的人（传之者、宋君、得钟者）听到了传闻或钟声后，他们的反应各是怎样的。先小组讨论，然后小组展示。

生：从"有闻而传之者"中的"传"可以看出传之者听到后到处在传。

师：他们在传什么？他们传的内容跟丁氏说的话一样吗？

（由此引到对"吾穿井得一人"和"丁氏穿井得一人"两句话进行比读）

师：请同学们齐读这两句话，告诉老师这两句话不同在哪里。

生："吾穿井得一人"这句话用第一人称来说，"丁氏穿井得一人"用第三人称。

生：意思也不一样，丁氏自己说的是得到了一个人的劳动力，而后面传的人却说丁氏挖井得到了一个人。

生：丁氏和传之者讲这句话时心情、语气、情感不一样，丁氏是为得到一个人的劳动力而高兴、骄傲，而传之者却是惊讶、惊奇。

生：我觉得传之者是疑问的。

师：如果是疑问的，句子应该用问号，那我们加上问号读一读。

（学生齐读）

师：可是原文用句号，怎么理解？

生：三人成虎，一个人传一个人，传着传着大家都信了。

生：他们听到了就马上传，在这个过程中没有分辨虚假和真实，所以他们也不疑惑了。

师：哦，他们传着传着就信以为真了，所以我们以认同坚定的语气来读。

（请学生读）

师：那宋君呢？

生：宋君"令人问之于丁氏"，派人去问。

师：宋君的心里是怎样想的？如果让你在"令"前面加上一个词语，你会用哪个词呢？

生："惑"，宋君表示迷惑、不理解。

生："遂"，是、就的意思，说明他是有行动的，他去考察、求证。

生："即"，宋君听到后马上派人去调查考证。

师：从同学们填的字可以看出宋君是明辨是非的人；而国人却道听途说，不加以考察。这两者形成了对比。那得钟者反应又是怎样的？

生：遽掩其耳。

（从学生的回答中教师引出对"恶人闻之，可也"和"恶己自闻之，悖也"两句话进行比读）

师：请同学们来读读这两句话，并说说读出了什么。

生：读出了对得钟者的强烈讽刺。

生：读出了对得钟者自以为是的嘲笑。

生：讽刺了得钟者的愚蠢自私、自欺欺人。

师：是的，得钟者认为别人听不到与别人听到的事实形成对比，这种强烈的反差讽刺了盗铃者的愚蠢自私、自欺欺人。

师：从上面的比读中，我们发现两篇寓言"闻"的人对"闻"的态度不同，不同的态度就会产生不同的寓意。我们知道故事往往蕴含着一个深刻的道理，那同学们觉得这两则寓言分别告诉我们什么道理？先小组交流，然后全班对话。

生：《穿井得一人》告诉我们不能乱传谣言，耳听为虚，眼见为实，要学会分辨是非；《掩耳盗铃》告诉我们不能自欺欺人。

生：《穿井得一人》告诉我们不能以讹传讹，要去思考别人说的话；《掩耳盗铃》告诉我们不能自欺欺人，不能自作聪明。

……………

师：请联系给大家的外部材料，从整本书的角度说说你又有什么新的感悟。

生：我们要敢于面对那些不好的评价，就算你不想听，也要正视，因为它是客观存在的。

生：当我们碰到不想听的声音时，我们不能自欺欺人，要正视客观的批评。

生：对传言、新闻等要加以考察，要靠自己的一双慧眼明辨是非，对批评的声音不能明明听到却装作没听到。

师：对的，要学会听批评的声音，善于纳谏，正视客观事物。

…………

【教学反思】

将《穿井得一人》和《掩耳盗铃》两则寓言放在一起进行教学，是近几年一种新颖的群文阅读课型教学。何谓群文阅读？中国最早提倡群文阅读的赵境中教授曾这样概述群文阅读的特点：同一个议题，多个文本，探究式教学。也就是在较短时间内，针对某个议题，开展多文本阅读教学，通过教师引导、学生自学、合作交流、强化巩固等手段，对文本进行有深度、有广度的阅读，从而提高学生的阅读水平，增强学生阅读素养。换句话说，群文阅读是围绕一个或多个议题选择一组文章，而后教师和学生围绕议题展开阅读和集体建构，进行主题式自主探究学习，最终达成共识的教学过程。群文阅读充分突出学生的主体地位，让学生在合作对话中探究多文本的问题，并在比较异同思维中解决问题。

自主课堂强调主动探究、合作对话的知识重构，融合合作、探究的学习方式，让学生在自主学习时对产生的问题自己开展探究性学习；对于个体解决不了的，开展小组合作，从而促进学生在独立中自主学习，基于问题开展合作对话，在对话中促进对知识的反思与掌握。

群文阅读与自主课堂都体现以人为本，让学生在自主学习中合作探究、获取知识，充分体现新的育人方向。但如何在群文阅读中教给学生多文本阅读的方法与策略，实现议题的解决；如何在自主课堂教学中教给学生对话合作的策略，实现探究能力的提升，应成为每一位教师必须要思考的问题。因此，不管群文阅读课型还是自主课堂教学，教师都应教给学生阅读的方法与策略。

美国教育家维特·克罗对"好的策略教学"有过以下评述：好的策略

教学不是让学生死记硬背，也不仅是让学生记住策略操作的步骤和机械地执行这些步骤。好的策略教学应使学生认识到运用策略的目的，策略怎样和为什么起作用，何时何地运用策略，也就是说使学生真正成为学习的主动者。在维特·克罗看来，好的策略教学不仅需要让学生知道策略的具体步骤，即"是什么"；还要让学生知道何时何地运用策略，即"什么时候"；以及运用策略的目的，即"为什么"。

那么，如何在自主课堂背景下开展群文阅读，实现阅读策略的指导，使学生在自主学习中获得知识，在策略运用中形成自主探究的能力。下面以《穿井得一人》和《掩耳盗铃》这组群文为例，从三个方面来谈谈对学生学法策略的指导。

一、朗读策略 >>>>>>>

文言文与白话文不同，朗读在文言文学习中显得尤其重要。学生通过朗读，能够对文言句进行准确断句，培养语感，从而读通并读懂文言文；同时，通过朗读，能够在语气、重音、节奏等处理中深入理解并正确解读文本材料。例如，在群文阅读中，教师让学生从丁氏和传之者不同身份的角度来朗读"吾穿井得一人"这句话，要读出当时不同人物的不同心情、语气和情感。学生在教师的朗读策略的指导下，反复品味朗读，感受到了丁氏是为得到一个人的劳动力而高兴，而传之者却是惊讶、惊奇的心理，从而进一步理解传之者不分辨虚假和真实，触摸到了文本人物的内心世界。这种不同文本语境下的朗读策略是群文阅读基于议题解决的一个重要策略，更是自主课堂生生、师生合作对话的前提。

二、比读策略 >>>>>>>

比读策略是群文阅读用得最多的阅读策略之一。比读可以让学生在阅读中有所发现，能够培养学生同中求异和异中求同的比对思维，从而在合作对话意识培养中提高学生的探究能力。在这组群文阅读中，教师设计了三个比读。

比读一：

吾穿井得一人

丁氏穿井得一人

此环节采用反复朗读的方式，让学生在比读中读出节奏、语调及丁氏和传之者讲这句话时的意思、心情、语气、情感。尤其抓住"丁氏穿井得一人"中的句末句号，问学生把句号改为问号是否妥当，让学生在比读中开展对话，在质疑、品味、反思中明白传之者对"闻"的态度：由怀疑到肯定、信以为真。在这个过程中，传之者没有思考，没有分辨虚假和真实。

比读二：

宋君：（　　）令人问之于丁氏

国人（　　）道之

在这个比读环节，教师采用在"令"和"道"前面加修饰语的方式，让学生比读宋君与国人对"闻"的不同态度，体验宋君的心理和国人"道"的场景。通过比读，让学生领会宋君是有行动的。他去考察、求证，坚持眼见为实，具有明辨是非的能力；而国人却人云亦云，道听途说，不加以考察。

比读三：

恶人闻之，可也

恶己自闻之，悖也

第三个比读环节采用体验方式，让学生体验得钟者掩耳朵的心理，推导出得钟者主观认为别人听不到与别人听得到的事实形成了对比，这种强烈的反差讽刺了盗铃者的愚蠢自私、自欺欺人。

以上三组比读充分体现了文言文的文体特质，在"言"的基础上悟"文"，在"文"的感悟后读"言"，使文言文课堂教学始终在"文"与"言"之间穿梭；同时，在两文比较异同中穿梭，寻找两文比读的关联点，从而使学生感悟到两文都有"闻"，但"闻"的内容是不同的，对待"闻"的事物或声音的态度也是不同的。

三、联结策略 >>>>>>>

联结策略是指以阅读文本为原点，将所读文本与读者的经验、背景知识联结，或与其他类似文本串联，是文本与自我、文本与文本、文本与世界的联结，目的在于扩宽理解文本的广度。联结策略使群文成为一则解决主题问题的整体材料，成为自主教学探究的素材，从而实现学习主体自我探索、选择、建构、创造知识的目标。

在学生说说两文分别告诉我们什么道理的基础上，教师顺着学生回答的寓意，引出客观存在的声音，也就是从钟声引导到批评声音等客观存在；然后，引入《吕氏春秋》的两则外部材料，解释外部材料中这两句话的意思和在《察传》《自知》中的位置，引导学生探究深层的知识，为下面学生的合作讨论做铺垫。

针对这些材料，教师设计了一个合作探究的问题：请联系材料，从整本书的角度说说你有什么新的感悟。通过这个主问题，引导学生深层次地自主合作探究，使学生感受到两文存在着共同的寓意，那就是要正确对待传闻或批评的声音等客观存在。这样的联结策略运用，让学生在合作交流中与文本、经验产生共鸣，在深入思考中促进对知识的反思，培养了学生综合思维的能力。

（许鹏浩、叶青飞执笔）

第五节

《三峡》实录片段及反思

【实录片段】

师：我们来看看注释，《水经注》是一部怎样的著作？

（学生齐读）

师：既然是地理专著，理应真实地呈现三峡的地理环境，带我们走入地理学科的领域，来聚焦文本上的矛盾。结合三峡地貌图和预习单中有关的材料，小组探讨《三峡》一文在呈现地理环境上是否有失实之处。

生：有失实之处：从预习单中度量衡的知识来看，总长度不一致；另外并不是"略无阙处"，从地貌图来看"隐天蔽日"只是部分。

生：从地貌图中可以看出三峡中最长的其实是西陵峡，课文中却说"巴东三峡巫峡长"。

生：我从预习单中的诗、民谣看出，舟行三峡其实很慢、很危险，因江流迂回且多礁石，不可能像课文中说的那样舟行飞快。

师：同学们想想看，造成失实的原因是什么？

生：从科学测量工具的角度来看，古代没有先进的测量工具与技术，再加上测量河道比陆地更难，所以会在数据上有出入。

师：对，这是一个原因。还有什么原因呢？请大家关注课文注释："郦道元，北魏地理学家。当时南北分裂。"什么是南北分裂？有时语文上解决不了的问题，我们可以跨出语文的范畴，去其他领域寻找答案。我们请社会课代表来回答。

生：我们在社会书里学过，南北朝是南朝和北朝的统称。南朝有刘宋、南齐、南梁、南陈四朝，北朝包含北魏、东魏、西魏、北齐和北周五朝。南北朝长期维持对峙形势，所以称为南北分裂。

师：这是郦道元生活时期的南北并立形势图，在这张图上大家又能发现什么？

生：郦道元是北魏人(470—527)，由图可知，长江三峡在南朝，当时南北朝对峙，郦道元不可能去过三峡。

师：我们从地理学科的角度看出了《三峡》一文在呈现地理环境上的偏差。我们借助地图，从地理学的角度，触摸到了郦道元的那份无奈。

一个从来没有到过三峡的地理学家，又是怎样写下《三峡》一文的呢？课文注释："涉及南方江河，则博采他人记述，进行选择，细致加工，融汇成文。"根据考证，郦道元的《三峡》主要融汇了袁山松的《宜都记》和盛弘之的《荆州记》。

小组活动：要求找出《三峡》与两篇文章的不同处，体会郦道元的文本之美，以"＿＿＿＿之美"的形式归纳在小白板上，并结合朗读具体赏析。

生：典雅之美。郦道元把袁山松口语化的"日中夜半""日月"改成"亭午夜分"和"曦月"，书面语显得典雅古朴。

生：想象之美。"虽乘奔御风，不以疾也。"作者把迅猛的水说成骑着马驾驭着呼呼的风还是不及，让人想象到夏季三峡水流迅猛奔腾的壮观景象。

生：简洁之美。"隐天蔽日""略无阙处"，寥寥几笔就状写出江岸狭窄而高峻的画面。

生：凄婉之美。首先"凄异"比"清远"更准确(学生如果没说，教师引导比较)，因为从渔者歌表现的情感来看确实是悲凄的。渔为生者，是别无选择的生计。"晴初霜旦，林寒涧肃"为猿鸣的出现营造了悲凄的氛围，使情感更一致。

生：我们有一个猜想，就是刚刚上课的时候，我们根据地理知识知道巫峡不是最长的，但是歌谣为什么唱"巴东三峡巫峡长，猿鸣三声泪沾裳"？我们猜想，因为巫峡最险，行人容易感到紧张、凄凉、寂寞、烦闷，由此在心理上产生最长的感觉。所以这种凄婉更是心理的投射。

生：特色之美。既写出了总的特色，三峡雄伟奇险而又秀丽清峻；又写出了四季不同的特色，除了不变的"雄"之外，还有夏之险、春冬之幽、秋之凄。此文体现了地理专著的特点。

生：生机之美。三峡的春冬，尤其是冬天，景色并不是凋零衰败。袁山松《宜都记》的"略尽冬春"一句虽然也提及了这个现象，但是没有画面感。而作者的一番具体描写有静有动，很有一种生机勃勃的趣味。

师：面对三峡这一片奇山异水，袁山松和盛弘之无不饱蘸着情感。但细究起来，郦道元的情感是有别于袁山松和盛弘之的。读了下面的历史材料，你又有什么情感体会？

公元 494 年，魏孝文帝决心一统全国，亲自出巡北疆。郦道元是随行人员之一。

公元 499 年，魏孝文帝在南征之战中病死，从此国力渐衰。

同年，郦道元潜心于《水经注》的撰写，以版图广大的西汉王朝的疆域作为叙述范围。

根据上述材料，你又看到了一个怎样的郦道元？

生：我看到了他对祖国大一统抱有满腔希望，他热爱祖国的山水自然。

…………

【教学反思】

从社会发展层面看，不同时代对人提出了不同的需求。工业时代力量被机器解放，教育以培养知识、技能为主。进入互联网时代，知识与技能被互联网解放，批判性、创造性成为教育的方向。但日益增多的公共利益问题，如全球变暖、贫困、食品安全等，靠单门学科是不能解决的。教师需要利用多门学科的专业知识，具备跨学科的意识与思维方式，帮助学生从复杂的学科问题中提炼意义，找出知识的内在联系，然后快速解决问题。尤其是人工智能时代的到来，批判性、创造性被人工智能解放，复合创新成为教育的方向，社会需要更多的交叉人才，具备跨学科技能成为未来社会发展的人才标准。

从教育改革层面看，《关于全面深化课程改革落实立德树人根本任务的意见》中指出："要在发挥各学科独特育人功能的基础上，充分发挥学科间综合育人功能，开展跨学科主题教育教学活动，将相关学科的教育内容有机整合，提高学生综合分析问题、解决问题能力。"《关于深化教育体制机制改革的意见》指出："强调要建立以学生发展为本的新型教学关系，尤其针对割裂的学科知识和单向的思维，要重视多学科整合的学习，发展综合思维。"同时，现在高中的自主招生更侧重于综合人才的选拔，如"为什么古代的井是圆形的而非方形的？"这涉及中国传统哲学、地质学、物理学等跨学科思维。高中实施文理不分科，是要让学生兼备文理素质，具备文化底蕴及理性思维，成为社会需要的复合型人才。①

从教学现状层面看，目前学校的学科设置和教学理念还是以单科教学为重，学生所习得的知识处于高度碎片化状态，知识构成相对单一，知识间的关系不为学生所理解，知识的综合运用无从谈起，很难培养出具有综合能力的复合型人才。这种现状对目前学校教学亮出了变革的警示灯。有些学校虽然也在尝试跨学科教学，但由于跨学科教学产生时间较短，一些欧美国家在20世纪60年代以后才盛行②，中国在20世纪80年代才重视，缺少经验借鉴，跨学科教学仅仅是学科知识的堆叠，缺乏内在勾连与学科整合思维；尤其是许多教师观念落后，缺乏跨学科的知识储备和与同事协作的能力，学校缺乏跨学科课程的顶层设计，因此跨学科教学难以在中小学有效推进。

为此，基于培养未来人才的育人目标，在自主课堂中开展跨学科教学，应成为一种必然趋势。

跨学科是指在遇到单一学科难以解决的问题时，需要整合两门或两门以上学科的知识和技术来解决，进而创造出新知识。它并非是两门或两门以上学科的见解以某种方式放在一起，而是对两门或两门以上学科的知识及思维方式进行整合。跨学科具有三大特征：第一，学科间的"跨"；第二，根据学科见解的"整"；第三，整合结果的"融"。③

所以说，自主课堂中的跨学科教学并不是简单的学科知识堆砌组合的教学，其关键是要在不同学科知识之间寻找联结点，建立有意义的联系，并将这种联系作用于更广阔的学习领域，将传统教学的单线编制成知识网络，打开学生合作探究的视野，从而提高学生的多种能力。

教师在《三峡》一课中运用跨学科研教学策略，实现自主课堂的跨学科教学，培养多元综合思维的复合型学生。

---

① 参见彭云、张倩苇：《课程整合中跨学科教学的探讨》，载《信息技术教育》，2004(4)。

② 参见段素芬：《跨学科教学能提高学生的兴趣吗？——一项来自丹麦的问卷调查》，载《现代中小学教育》，2009(6)。

③ 参见［美］艾伦·雷普克：《如何进行跨学科研究》，傅存良译，18页，北京，北京大学出版社，2016。

一、基于学情有目的地跨出 >>>>>>>

自主课堂强调基于关注学情的教学，体现以学生为本的主体性原则。因此，在跨学科教学时，视点应该落在学生身上，要基于学情，让学生在不同学科知识点之间去寻找联结点，并建立有意义的联系，最终解决问题。

在教学《三峡》时，教师围绕"三峡这部地理著作是否失实"这一学情问题，让学生打破语文与其他学科之间的壁垒，勾连八年级上册所学的地理和历史知识，找到其与地理和历史的联结点，从地理中反观文本的失实，从历史中看文本失实背后的作者情感，从而提高学生的史评意识和地理读图能力。这样，学生介入《三峡》文本阅读中，基于问题有目的地在相关学科中寻找共同点或矛盾统一点，从而建立联系，解决问题。

学生在自主课堂跨学科思考中，学会了比较不同学科的理论观点，学会了使用对比方法阐明问题，从而促进学生学习的综合化，使学生的知识结构成为一个紧密联系的整体。学生能以全面的观点认识世界和解决问题，最终实现"每一种智力从多门学科教学中得到培养，每一门学科教学培养学生的多种智力"[1]的教学目标。

二、借助多元学科思维的整合 >>>>>>>

教师在自主课堂进行跨学科教学时，不仅仅是让学生进行学科知识的勾连或堆叠，更重要的是让学生运用不同学科思维来思考问题，在多学科思维的整合中深化对问题的全局理解，形成明确的、整合的思考方法与思维模式。纽威尔和格林把跨学科学习定义为结合两种或两种以上学科以形成对某一问题或主题的综合理解。跨学科学习的主要特点是多学科知识在某一项目或主题中的联结和融合。[2] 跨学科教学提倡的是知识的转移和应用，侧重于对不同学科间知识的整合筛选，从而促进学生

---

① 沈学珺、陆璟：《从 PISA 数据看跨学科语文素养的重要性》，载《上海教育科研》，2013(7)。

② 参见陈柏华、吴月文：《高中英语教材跨学科分析——以人教版必修模块为例》，载《课程·教材·教法》，2012(4)。

思维能力、演绎推理能力和创造力的提升。要使学生从跨学科学习中获得新的、有意义的结论，教学活动设置一定要基于整合和思辨思维。

《三峡》教学中，学生运用地理的读图方法，通过读南北朝的地形图，了解长江的位置，并思考史实介绍，对于理解作者为什么不去长江实地考察就有了清晰的认识；还有三峡中哪一峡最长，学生通过读图就清楚了，也就有了后面一个小组的精彩发言：既然巫峡并不是最长，但渔者歌为什么称其为最长呢？学生从"境由心生"的角度做了更深入的思考。在历史课上学到的史实分析为学生学习语文学科提供了更多的基础。这样，《三峡》语文教学借助地理图文结合思维，读出了"三峡文本失实"；借助"整合史料—研究史实—得出史评"的历史考证思维，在"南北分裂、魏孝文帝"的史料中追寻作者失实中的无奈与美文中的期望，使语文教学在跨学科角度思维中达到了一个新的高度。

三、学习共同体的品读 >>>>>>>

"初步养成现代社会所需要的语文素养"是语文课程标准提出的语文教学目标。此外，课程标准还在"综合性学习"的要求上反复重申，综合性学习的设计应开放、多元，与其他课程相结合，开展跨领域学习。跨学科学习也应以提高学生语文素养为目的。这正是告诫我们千万不要因跨学科而忘了语文学科的初心。

在《三峡》教学中，教师在利用非语文学科方法演绎、推理、求证时，总不忘语文的基本素养；特别是在"没有实地考察，《三峡》是如何成文的？"活动环节，通过对照郦道元参照过的《宜都记》《荆州记》进行比读，引导学生通过自主赏析、小组合作、相互品读的形式，有意识地在积累、感悟和应用中提升品位和审美情趣。学生通过小组讨论与交流，通过对原文字词的理解、真实地理地貌与渔歌的对照、新增语句的分析、四季特色描写的诵读，理解了作者文本的典雅、生机和凄婉之美。

诚然，《三峡》有失实之处，但郦道元以地理学家的敏感，准确状写了三峡特色，仍然不失为伟大的地理著说；同时也借由《三峡》感受到了《水经注》文字的清丽和情感的丰沛，使得这部地理著作有了文学的感染力，使学生真正获得了美学上的熏陶。

（许鹏浩、陈烈燕执笔）

第六节

《光的反射》实录片段及反思

【实录片段】

教师通过"照亮黑暗小镇"这一活动引出课题，在学生了解光的反射的定义及几个相关术语的基础上引出本教学片段。

（教师一手持泡沫板，一手拿小木棒）

师：现在我们用小木棒模拟入射光线，从一定的角度入射（将小木棒斜插在泡沫板上），同学们认为它的反射光线在哪里？

生：反射光线在它的对侧。

（教师取出第 2 根小木棒模拟反射光线）

师：请你将它放在泡沫板上的相应位置。

（学生上台放置小木棒）

师：你是基于怎样的假设，为什么认为它会出现在这个位置？

………

师：数学上有个定理叫"两条相交的直线能确定一个平面"。现入射光线与反射光线相交于入射点，根据定理，这两条线能确定一个平面。此刻我将硬纸板置于这两条线所确定的平面内，同学们试想一下，该面与反射面之间存在怎样的位置关系？（提出问题）

生：两个平面垂直。

师：刚才同学们都猜想这两个平面垂直。下面我们结合科学探究的几个步骤进行实验。实验前，我们应该先设计好方案，现在以小组为单位，设计实验方案。

（学生小组讨论，自主设计实验方案）

（两名学生共同上台展示，学生甲解说，学生乙演示）

生甲：打开激光笔，让一束光斜射向镜子，找到反射光线，在入射光线与反射光线确定的平面内放一张白纸，然后将直角三角板的直角放到白纸与泡沫板所成的那个夹角上，如果能贴合，则证明这两个面垂直。

（生乙用铅笔模拟入射光线、反射光线，配合演示）

师：其他小组还有没有补充？

生：应该从不同的角度入射，多次实验。

师：接下来我们就按照同学们的实验方案进行实验。拿出自制教具，请学生代表上台演示实验。通过这个实验，我们能得出什么结论？

生：入射光线与反射光线确定的平面和反射面垂直。

（再次取出泡沫板模型，手持第3根小木棒，边说边将这根小木棒插在泡沫板上）

师：现在入射光线从这个角度入射（不同于第一次），那么它的反射光线会出现在哪里呢？请同学上来找出它所在的位置。

（学生上台将第4根小木棒插在泡沫板的相应位置。教师取出第2张硬纸板，将它置于该入射光线与反射光线确定的平面内）

师：根据刚才的结论，这个面跟反射面之间成什么关系？

生：垂直。

师：仔细观察两块硬纸板的位置关系，同学们有什么发现？

生：这两个面相交于一条直线。

师：让我们进一步思考，四面八方的光以不同的角度朝着入射点入射，都会产生相应的反射光线。这些入射光线与相应的反射光线所确定的平面在位置上有什么特点？

生：这些面都相交于刚才那条线。

师：显然，这是一条极其特殊且重要的线，在科学上，我们将它称为法线。

师：通过刚才的实验，我们还能发现，入射光线、法线、反射光线三者的位置有什么关系？

生：入射光线、法线、反射光线在同一平面内（三线共面）。

师：光在反射时，还具有怎样的规律呢？请同学们小组合作，做出合理的猜想，记录在活动单上。

（学生激烈讨论，做出猜想）

师：现在请各小组汇报。

生：我们组的猜想是入射角与反射角相等(猜想 1)。

生：我们组的猜想是法线在入射光线与反射光线的中间(猜想 2)。

生：我们组的猜想是反射光线与镜面的夹角和入射光线与镜面的夹角相等(猜想 3)。

生：我们组的猜想是入射光线与反射光线对称(猜想 4)。

师：接下来，我们先来验证猜想 1 和猜想 2。请同学们先自主设计实验方案。

(学生自主合作，设计方案。记录员将方案以简图配文字的形式记录在活动单上，汇报员准备汇报)

师：请各小组分享你们的实验方案。

生：打开激光笔，找出入射角与反射角，用量角器量出它们的角度，进行比较。

生：从不同的角度入射，多次测量入射角和反射角的大小。

生：从不同的角度入射，观察法线的位置是否处于中间。

师：请各小组根据提供的实验器材和实验方案，自主完成实验。如果在实验的过程中有别的发现，也请及时记录下来。

(学生小组合作，自主实验)

师：请各小组汇报员上台展示。

生：我们组测量了 6 组入射角与反射角(实物投影)，最终我们发现入射角等于反射角。

生：我们组从各个角度射入光线，观察到法线始终在中间。

生：我们组发现如果入射光线垂直镜面入射，那么反射光线会与它重合。

师：结合刚才同学们的汇报，我们发现猜想 1 正确，但是在表述两角大小关系的时候要注意逻辑，因为先有入射角，再有反射角，所以应表述成"反射角等于入射角"(两角相等)。猜想 2 也基本正确(法线居中)，但要注意一种特殊情况，即刚有同学提到的垂直入射，此时三线合一，反射角等于入射角，为 0°。现在让我们回过头来再看猜想 3、猜想 4，同学们觉得它们正确吗？并说说理由。

生：因为法线垂直于镜面，反射角等于入射角，所以反射光线与镜面的夹角和入射光线与镜面的夹角相等，猜想 3 正确。

生：在数学上，满足这个条件的两条线被称为对称，猜想 4 正确。

师：同学们通过自主探究，发现光在反射时具有以下规律：三线共面，法线居中，两角相等。科学上将它们称为光的反射规律。

…………

【教学反思】

本节教材出自八年级下册第二章，该章是以光为主题的单元。光的反射是重要的光学现象，是进一步学习平面镜成像的基础，在实际生活中有着广泛应用。本案例立足教材内容，运用自主课堂理念，以生为本，优化教学方式，通过自主学习、自主探究、合作共生等方式来推进课堂教学。下面具体从三个方面来评析。

一、创设情境，驱动自主学习 >>>>>>>

学生的学习活动是由一定的学习动机引起的，只有当学生有迫切的学习愿望时，他们才能自觉投入学习中。美国心理学家皮亚杰说："所有智力方面的工作都依赖于兴趣。"要使学生成为学习的"乐之者"，教师在教学中必须创设情境，激发学生的学习兴趣，让学生主动地参与学习活动。基于这一点，教师创设了这样一个情境：为地处挪威北部、大山深处的"黑暗小镇"送去光明。同学们纷纷利用激光笔和平面镜，经过几番尝试，成功地将光线引到小镇上空。这不仅使学生体验到了成功的喜悦，而且将课堂教学推向了高潮。

二、自主探究，搭设概念平台 >>>>>>>

建构主义理论认为："每个学习者都不应等待知识的传递，而应基于自己与世界相互作用的独特经验去建构自己的知识。"在传统教学中，教师在讲授法线概念时，会直接向学生传递：为了后续探究的方便，我们过入射点做一条垂直于反射面的线，把它称为法线。学生只是被动地接受有这么一条线。至于这条线为什么要过入射点，为什么会垂直于反射面，他们并不理解。基于"以生为本，学为中心"的自主课堂理念，教师在教学中以实验为载体，让学生进行自主探究；在探究过程中运用模型法，以探究入射光线和反射光线确定的平面与反射面之间的位置关系为切口，让学生在实验中察觉到原来所有入射光线和与它相应的反射光线确定的平面都会相交于一条直线。学生自己去发现这条重要的线，感知这条线所具有的特点，从而自主建构法线的概念。教师在教学过程中要特别关注知识的生成，切勿生硬地推进教学环节。唯有引导学生主动思考、自主探究，才能促使学生越过现实表面的混沌，自主建构概念，提升自主学习能力。

三、自主设计，提升思维能力 >>>>>>>>

传统实验教学中容易出现教师代替学生设计方案，把自己的想法强加给学生，或由个别优秀学生代替全体学生来设计方案，以偏概全，致使大部分学生沦为陪衬，成了学习的旁观者的现象。

新课程标准的核心理念是以学生的发展为本，面向全体学生，关注每一名学生，因材施教，注重每一名学生的成长，发展每一名学生的个性。因此，教师在平时的教学活动中应积极创设轻松的学习氛围，让每一名学生在平等的氛围中独立自主地开展学习，基于学情问题开展自主合作、对话，在质疑、反思中自我调节学习策略。本堂课的重点是探究光的反射规律，教师通过让学生"提出问题、做出假设、设计实验方案、进行实验、得出结论"来推进课堂教学。这其中最关键的环节是设计实验方案。例如，在探究入射光线与反射光线确定的平面和反射面之间的位置关系时，学生以小组为单位，自行设计方案。由于学生的兴趣爱好、文化程度、生活背景等存在差异，加上学生的思维被充分打开，因此学生的设计方案精彩纷呈。教师在这个环节中应积极引导学生开展小组合作，与同学、教师、自己对话，在对话中质疑，在质疑中反思，在完善实验方案中提升多元思维能力。

（翁旦艳执笔）

161

《从〈清明上河图〉看北宋都市生活》实录片段及反思

【实录片段】

教师以《清明上河图》的视频导入，引出课题。

师：同学们借助预习单，已经对《清明上河图》有了一定的了解。有同学能为我们介绍一下《清明上河图》吗？

生：我了解的《清明上河图》是中国十大传世名画之一，作者是张择端，创作于北宋，全图长5米有余，重点描绘了汴河两岸的风光，展现了北宋的都城东京的景象。

师：既然《清明上河图》主要是展现的是北宋都城东京，那么有细心的同学提出了疑问：为什么在开卷处要绘制市郊村野的景象呢？

（PPT展示学生在自主预习单中提出的疑问）

（学生沉默、思考）

师：要解决这个疑问，我们先来看开卷处描绘的内容——两个脚夫赶着一队运炭的毛驴。他们要把炭运到哪里呢？

生：东京。

师：也就是说，从图中可得，当时东京城的炭是需要从外地运来的。这一点在《宋史》中可以得到印证。据《宋史》记载，每年向东京运的炭非常多。炭的需求量之大反映出东京城什么特点？

生：人多。

师：通过图和史料的相互印证，我们发现，张择端绘制市郊村野，虽未正面描写东京都市，但反映出当时的大都市需要其他地区提供物质支持，让我们未见其城，先知其繁盛。

…………

看图——看北宋都市生活

师：我们选择汴河船运和都市街景中的典型局部图，有针对性地从人物、交通工具、店铺角度来细看北宋的都市生活。小组合作，完成任务单中的任务一。

…………

生：有划船的人、挑担的人、赶车的人、酒楼里吃东西的人、买东西的人。

师：好的，这是你们小组找到的局部图中的人物。其他同学有补充或者质疑的吗？

生：我还看到了城楼上有一个看风景的人。

师：很好，由此我们发现图中的人物数量怎么样？

生：数量多。

师：反映出东京城的人口数量怎么样？

生：人口众多。

师：史书上对东京人口的记载是什么呢？

(PPT 展示《续资治通鉴长编》描述北宋东京人口的史料)

师：史料也印证了同学们得出的结论——都市人口众多。

师：现在请"交通组"的代表上台。

生：我们组找到了船、马、驴、独轮车、轿子。

生：我们组还找到了骆驼。

生：可见当时东京城的市民们的出行交通工具是丰富的。

师：我们再结合《东京梦华录》可知，北宋东京城的道路呈"十"字形相交，纵横交错……图史结合，由此得出北宋都市的交通具有怎样的特点？

生(齐)：交通便利。

…………

析史——析繁华背后的原因

师：同学们通过图史结合，得出了北宋都市生活的特点。但是，很多同学在预习单中提出问题：北宋都市如此繁华，背后的原因是什么呢？

(PPT 展示学生们在预习单中提出的问题)

师：各小组结合所学知识，选择一个分析角度合作交流，在材料单中选择合适的资料，分析北宋都市繁华的原因。

生：我们小组选的角度是经济，选择的是材料二。宋朝引进了占城稻，使用秧马等农具，从而大大提高了生产效率。

生：我补充。我们小组选的也是材料二。除了农业，在手工业方面，宋朝的制瓷业、手工业较为发达，带动了整个经济的发展。

生：我们组选的是交通，选择的是材料六。从图中我们发现，东京城的水运交通便利。通过汴河，粮食、日用百货等运往东京，为东京城的老百姓的生活提供了便利。

....

寻眼——寻宁波城市之眼

师：张择端发现了汴河两岸是能反映东京城都市繁华的城市之"眼"。如果同学们要向他人介绍宁波，你选择的最具宁波都市特色的城市之"眼"是什么呢？小组讨论一下，说说选择的理由。

生：我们小组认为宁波城市之"眼"是天一阁。宁波的城市宣传语"书藏古今，港通天下"中的"书藏古今"说的就是天一阁。天一阁是宁波市文化和历史的象征。

生：刚刚那组同学已经说了"书藏古今"，我们小组就来说"港通天下"。这个"港"就是我们的北仑港。在宋朝，宁波是对外交通的重要港口，现在的北仑港也很发达，非常能代表我们的城市。

生：我们选的宁波城市之"眼"是鼓楼。因为鼓楼历史悠久，而且古色古香，现在鼓楼发展成了美食街，里面有很多宁波的特色美食。

....

【教学反思】

自主课堂基于以生为本、以学为中心的理念。教师基于学生提出的问题构建教学情境，引导学生在自主学习、小组合作、对话探究中获得知识、锻炼能力、提升素养。自主课堂的操作样式流程围绕"关注学生的学习起点、学习状态和学习结果"三个方面展开。

基于自主课堂操作样式和社会学科特征，教师提出了基于社会学科特质的自主课堂范式，具体如图5-1。

"素养·情境·问题"社会自主课堂范式

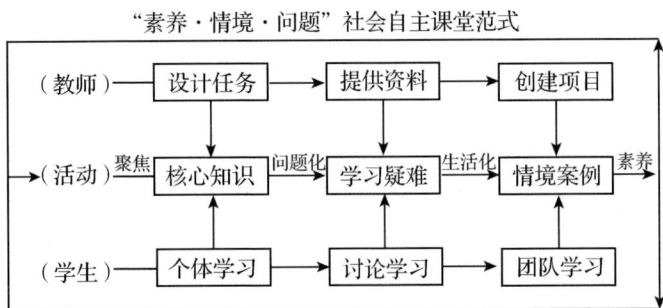

图 5-1 "素养·情境·问题"社会自主课堂范式

社会学科的自主课堂以学生为学习主体。课前，基于课程标准的要求、社会学科核心素养、教材内容和学生静态学情，教师进行教学框架的整体设计和预习单的设计，并提前下发预习单。学生借助预习单，以个体学习的方式学习本课的核心知识，并提出自主学习过程中的疑问，写在预习单上。教师基于预习单上学生的疑难问题进行二次备课，调整课程的设计，以学生提出的问题为学习的抓手，基于问题来设计课堂学习任务，提供合适的资料，创建模块化、情境化的学习项目，给学生以构建新知识的"脚手架"、练习新技能的"练兵场"、生发新思考的"启示录"。在课堂中，学生以 6 人小组为学习共同体，进行小组讨论、团队协作，在生生合作、师生合作中解决问题、生发问题，从而在核心知识的问题化、学习疑难的生活化的过程中提升社会学科核心素养。下面谈谈在《从〈清明上河图〉看北宋都市生活》这节自主课堂教学中的三点感受。

一、基于学情，合理运用预习单 >>>>>>>

学情是自主课堂确立教学目标、教学内容的关键。为此，教师借助预习单，在设计与使用上把脉学情，做到教学内容、教学目标的精准确立。

在课前精心设计预习单时，教师应考虑本课对应的课程标准、教材内容、八年级学生的学情及学科核心素养，给予学生自主学习的预习平台。第一部分"我了解"环节引导学生结合课本 116～119 页、《清明上河图》卷轴来了解《清明上河图》的基本情况；第二部分"我观察"环节，学生结合卷轴从整体上观察《清明上河图》的景物，整体感受《清明上河图》所呈现的北宋都市景象；第三部分"我质疑"环节，学生联系教材和所给材料，提出自己在自主预习过程中的疑问。借助预习单，学生聚焦于本课的基础知识，直观地感受《清明上河图》，对《清明上河图》的感性认知得到了丰富。同时，预习单中的"我质疑"环节鼓励和引导学生提出问题，培养学生的质疑精神和探究意识，更能暴露学情问题，便于教师因材施教。

在使用预习单时，教师根据学生的自主预习情况和提出的问题进行二次备课，使教学设计与学情相融合。学生提出的问题往往是五花八门的，涉及的学科、角度、类型多样。从这些问题中，教师归纳出的与社会学科相关的、学生最想了解的核心问题有三个：①为什么要在开卷处描绘市郊村野的景象？②从《清明上河图》中可以看出北宋都市生活是怎样的？③为什么北宋都市生活会如此繁华？基于这样的学情，教师将这三个问题作为课堂教学的着力点展开教学，设计项目化探究活动，引导学生在合作、对话、互动中解决问题。

二、基于问题，确定项目板块 >>>>>>>

本节课是历史与社会八年级上册第四单元的综合探究课，也是八年级上册的最后一课。本节课需要体现综合探究课的功能——总结、巩固、深化单元学习，强化学生探究学习的意识和能力等。

《清明上河图》是图片史料的一种。学生从《清明上河图》中了解北宋都市生活，就是从图片中挖掘信息，逐步还原北宋都市生活。这个过程可以培养学生的读图、析图能力。同时，通过解读教师补充的文字史料，学生更加全面、深入地了解了北宋都市生活的真实面貌，了解了繁华背后的原因，锻炼了史料解读能力和分析归纳能力。教师设计课堂教学活动时，围绕学生的三个疑惑点：①为什么要在开卷处描绘市郊村野的景象？②从《清明上河图》中可以看出北宋都市生活是怎样的？③为什么北宋都市生活会如此繁华？将本课内容划分为三个项目板块：①读图，看北宋都市生活；②析史，探繁华背后的原因；③寻"眼"，找宁波都市之眼。

三、基于素养，构建活动情境 >>>>>>>>

在课堂教学中要培养学生的综合素养，就必须创设活动情境，开展开放式教学。只有这样才能激发学生的学习兴趣，促进学生间的交流，打开学生的多元思维，提升学习的有效性。

在第一项目板块中，学生在课前自主预习的基础上分小组从"人物""交通工具"和"店铺"三个角度有针对性地读图。在各小组学生代表上台展示总结后，教师即时补充《东京梦华录》《宋史》等史料，通过史料分析，印证通过读图得出的结论，在学生合作探究、分享成果的过程中引导学生体悟历史学习的方法——图文结合、论从史出、史论结合。

第二项目板块是从现象的发现到背后原因的探究。城市生活是特定时期社会经济、政治、文化的综合反映，折射出该时期社会的基本特点。教师选择合适的材料提供给学生。学生结合所学知识和课本内容，选择一个分析角度，在材料单中选择合适的材料，分析北宋都市繁华的原因。教师为学生搭建了合作探究、生生对话的平台，引导学生了解特定的时空条件对人们生产和生活的影响，锻炼学生选择分析角度、选择对应的史料和分析解读史料的能力，有利于培养学生的综合思维和历史意识。

在第三项目板块中，教师构建情境项目，用情境项目促进知识的迁移，以项目成果来评价学习成效。汴河两岸的都市风光是张择端寻找到的最能够反映东京都市生活特点的城市之"眼"，那么我们宁波的城市之"眼"是什么呢？引导学生从自己的生活经验出发进行思考讨论，促进知识的迁移和生成。学生在小组合作对话中得出结论，在与其他小组分享时进行观点的碰撞，在对话和碰撞中感悟宁波城市之美、底蕴之深，从而在潜移默化中丰富对宁波的认识，提升对家乡的热爱程度，培养"我是城市主人翁"的意识。

（张玲执笔）

《特殊平行四边形的复习》实录片段及反思

【实录片段】

师：同学们，今天我们一起来复习特殊平行四边形，我们学过的特殊平行四边形有哪些？

生(齐)：矩形、菱形、正方形。

问题1：整理特殊平行四边形的知识结构(可画思维导图或者结构示意图)。

师：课前我在预习单中请同学们整理了特殊平行四边形的知识结构，谁愿意上来展示？

(学生上台展示思维导图)

生：×××同学归纳性质的时候只归纳了边、角、对角线，还有一个对称性忘记考虑了。平行四边形是中心对称图形，但不是轴对称图形；矩形、菱形、正方形都既是中心对称图形，又是轴对称图形。

生：菱形、正方形的对角线互相垂直，所以它们的面积除了用一般平行四边形的底乘高计算之外，还可以用对角线乘积的一半来计算。

师：非常棒。我们研究特殊四边形的性质，主要研究它们的边、角、对角线、对称性四个方面。

师：看来同学们已经基本掌握了特殊四边形的相关判定定理和性质定理，下面我们马上进入课堂微检测。

问题1：如图1，已知四边形 $ABCD$ 是菱形，$AC=8$，$BD=6$，则菱形 $ABCD$ 的面积为_____。

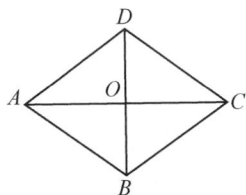

图 5-2　图 1

生：面积为 24。$S = AC \times BD \div 2 = 24$。

师：把菱形 $ABCD$ 换成一般的四边形 $ABCD$，当 $AC \perp BD$ 时，其他条件不变，面积是多少？

生：面积还是 24，对角线互相垂直时面积仍然可以用 $AC \times BD \div 2$ 来计算。

师：看来你已经理解了这个面积计算公式的本质。当四边形的对角线互相垂直时，我们可以利用分割的方法推出这个计算公式。

⋯⋯⋯⋯⋯

问题 2：如图 2，$\triangle AEF$ 中，点 B、C、D 分别为各边中点，请添加一个条件，使四边形 $ABCD$ 为菱形。

师：谁愿意把预习的成果分享一下？

生：$AB = AD$。

师：你能简要说明一下理由吗？

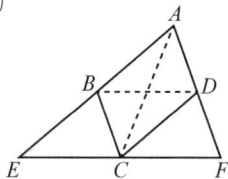

图 5-3　图 2

生：前面已经证明了四边形 $ABCD$ 是平行四边形，依据一组邻边相等的平行四边形是菱形可以判定四边形 $ABCD$ 为菱形。

生：$AC \perp BD$。依据对角线互相垂直的平行四边形是菱形。

生：我添的条件是 $AE = AF$。

师：能简单帮我们说明一下吗？

生：因为点 B、D 分别是 AE、AF 中点，所以 $AB = 1/2AE$，$AD = 1/2AF$，当 $AE = AF$ 时，$AB = AD$，后面就跟×××同学一样了。

生：也可以添 $AC \perp EF$。BD 中位线，平行于 EF，$AC \perp EF$ 的话就能推出 $AC \perp BD$。

变式 1：添加一个条件，使四边形 $ABCD$ 为矩形。

⋯⋯⋯⋯⋯

变式 2：那如何才能使四边形 *ABCD* 为正方形?

·············

问题 3：如图 3，在正方形 *ABCD* 中，点 *O* 为 *AC* 与 *BD* 的交点，点 *M* 为线段 *OD* 上的一动点(不与 *O*、*D* 重合)，连接 *MC*，作 *BH* ⊥*MC* 于 *H* 点，交 *OC* 于 *N* 点。试找出与 *OM* 相等的线段，并说明理由。

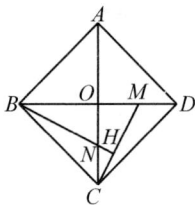

图 5-4　图 3

拓展 1：若点 *M* 为射线 *OD* 上的一动点(不与 *O*、*D* 重合)，连接 *MC*，作 *BH* ⊥*MC* 于 *H* 点，交直线 *OC* 于 *N* 点。尝试在图 4 备用图中画出图形，找出与 *OM* 相等的线段，并说一说理由。

·············

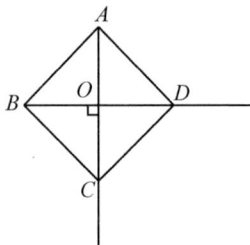

图 5-5　图 4 备用图

拓展 2：若 *M* 点为 *OD* 的中点，*AC*＝4，连接 *MN*，其他条件不变，如图 3，你能求出图中哪些线段的长?

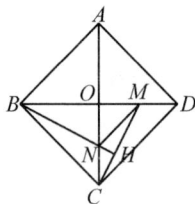

图 5-6　图 5

生：$AB=AD=BC=CD=2\sqrt{2}$，$AO=BO=CO=DO=2$，$ON=OM=CN=DM=1$，$MN=\sqrt{2}$，$BN=CM=\sqrt{5}$。

师：好厉害，几乎快全部求出来了，这些线段的长度大家都求出来了吗？

生(齐)：都求出来了。

师：那就只剩下线段 NH、BH、MH、CH 没有求出来了。BH 可以看成是 $BN+NH$，CH 可以看成是 $CM-MH$，这样只要能求出 NH 和 MH 的长，那就所有线段的长都求出来啦。

生：老师，NH 和 MH 只要求出一条线段的长就可以了，另一条可以在 $Rt\triangle MNH$ 中利用勾股定理求出来。

师：是哦，那我们就选择求 MH 吧，同学们先独立思考 5 分钟，然后小组合作讨论。已经求出来的同学可以思考一下还有没有其他方法。

组：可以用"双勾股"列方程，设 $MH=x$，则 $CH=\sqrt{5}-x$，在 $Rt\triangle MNH$ 和 $Rt\triangle CNH$ 中，$NH^2=MN^2-MH^2=CN^2-CH^2$，所以 $2-x^2=1-(\sqrt{5}-x)^2$，$x=\dfrac{3\sqrt{5}}{5}$。

师：你真是火眼金睛啊，在这么复杂的图形中发现了"双勾股"——利用两个直角三角形两次勾股定理构造方程，你能帮我们总结一下使用"双勾股"的图形有什么特征吗？

组：两个直角三角形拼在一起，并且有一条公共的边，就可以考虑"双勾股"。

师：概括得非常准确。图 5 中的 $Rt\triangle MNH$ 和 $Rt\triangle CNH$ 就是如图 6 所示的两个以 NH 为公共边，异侧拼接而成的两个直角三角形。当两个直角三角形拼在一起，且有一条公共的边时，我们可以利用"双勾股"来列方程。

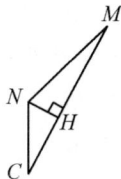

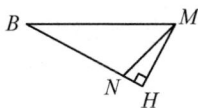

图5-7　图 6　　　图 5-8　图 7

师：其实图中还有另外一组直角三角形，也可以用"双勾股"来列方程，从而求出边长。同学们，你们能找到吗？

生：$Rt\triangle BMH$ 和 $Rt\triangle NMH$，$MH^2 = BM^2 - BH^2 = MN^2 - NH^2$。

师：是的，其本质就是图 7。当然这里求 MH 的话计算量会有一点点大，但是求 NH 会好一点。

组：还可以用面积法，因为 $S_{\triangle BMN} = \dfrac{1}{2} \times BM \times ON = \dfrac{1}{2} \times BN \times MH$，所以 $\dfrac{1}{2} \times 3 \times 1 = \dfrac{1}{2} \times \sqrt{5} \times MH$，很快就能求出 $MH = \dfrac{3\sqrt{5}}{5}$。

师：面积法，同学们应该明显感觉到计算量少了很多吧。你们组是怎么想到面积法的？能跟我们分享一下吗？

组：图形中有两条高线或者垂线的时候可以考虑用面积法来求边长。

师：要求的边 MH 既可以看成是 $\triangle MNH$ 的高，也可以看成是 $\triangle BMH$ 或者 $\triangle BMN$ 的高，你是怎么选择利用 $\triangle BMN$ 的面积来建立等量关系的？

组：我们一眼就看出 MH 和 ON 都是 $\triangle BMN$ 的高。

师：你们抓得很准确，同学们如果没能一眼看出的话，可以尝试分析同时含有这两条高线的三角形即可。

师：其实这里也可以利用坐标法来解决问题。分别以 BD、AC 所在的直线为 x 轴、y 轴，建立平面直角坐标系，我们可以马上表示出除点 H 以外的所有点的坐标，根据点 B、N、C、M 的坐标，易得直线 BN 与 CM 的函数解析式，点 H 为两直线交点，由此可以利用方程求出点 H 的坐标。这样我们就可以利用两点间的坐标公式直接求出所有线段的长了。

师：这节课马上就要结束了，你学会了哪些知识，你最大的收获是什么？

生：本节课我重新梳理了特殊平行四边形的性质定理和判定定理，并且体验了这些性质定理和判定定理在几何问题中的综合应用。

生：我学会了面积法、"双勾股"，还有坐标法。

师：过去我们学习了特殊平行四边形的定义、判定定理和性质定理，本节课我们初步体验了面积法、"双勾股"、坐标法及其适用图形的特征，希望同学们能带着今天获得的经验及获得经验的过程去解决今后遇到的问题。

【教学反思】

《特殊平行四边形的复习》是一节复习课，除了复习巩固矩形、菱形、正方形的性质定理和判定定理，以及三角形中位线定理外，还应立足学生的问题解决能力和综合素养的提升。教师以预习单为抓手，将其作为自主课堂教学的生长点，以教师引导、学生独立思考、小组合作、课堂展示为教学手段，在由简变繁、由易入难的过程中使学生进一步认识基本图形，渗透分类讨论思想、方程思想、面积法、坐标法等数学思想或数学方法，最终使学生在自主学习中提升数学核心素养。具体从以下三个方面来反思本次教学活动。

一、合作对话常态化 >>>>>>>>

自主课堂的核心是以学生学习为本位。本节课以学生的课堂展示、生生质疑、小组交流替代传统课堂的教师"一言堂"，使学生在对话交流中获得知识，提升自主学习能力。

作为教师，不能仅以问题的解决为最终目标，而应提倡一题多问、一问多解、多解归一，课堂上给予学生足够的对话展示时间，激发学生的思维活跃度。例如，问题1，3名学生互相质疑，最终补充完善了特殊平行四边形的知识结构；问题2，4名学生从不同角度、不同方法来展示条件的添加方法。

在师生对话中，教师通过追问引导学生反思，使学生在自主反思中获得问题解决策略，提升问题解决能力和数学核心素养。例如，"已知四边形 $ABCD$ 是菱形，$AC=8$，$BD=6$，则菱形 $ABCD$ 的面积为_____。"教师通过追问"把菱形 $ABCD$ 换成一般的四边形 $ABCD$，当 $AC \perp BD$ 时，其他条件不变，面积是多少？"引导学生发现"当四边形的对角线互相垂直时，面积等于对角线乘积的一半"这个重要结论，充分体现了教师在自主课堂中教学智慧的重要性。

二、课堂生成随时化 >>>>>>>>

"学为中心"应不断关注学生的动态学情。新课程标准倡导"教学是不断生成的"。本堂课教师随时以学生提出的质疑或创造性思维为契机、生长点，在师生互动、生生互动中不断创造出新的教学资源，使师生的情感在和谐的"共振"中得到升华。例如，问题3的拓展2，学生通过小组合作创造性地提出通过"双勾股"列方程来解决问题后，教师以此为契机，一方面引导学生反思归纳出使用"双勾股"列方程的图形特征，另一方面提出图中另外一组直角三角形也可以用"双勾股"来列方程从而求出边长，使学生在寻找的过程中进一步落实方程思想。

三、问题设计策略化 >>>>>>>

苏联教育家马赫穆托夫曾说："唯有问题才与动力存在联系。思维中的矛盾不以任务形式而以问题形式呈现。"教师在预习单中设计的三个问题具有良好的载体性，课堂上提出的变式1、变式2、拓展1、拓展2都是以预习单中三个问题的探索与解决为生长点，以学生的认知经验为起点变式衍生而成的。课堂提问由易入难，由简入繁，具有良好的层次性，关注每个学生的认知水平，使每个学生都能有所思、有所答、有所学。例如，问题2，所有的学生都能有所答，但所选择的角度与思维层次存在差异性，在交流与倾听的过程中学生不断拓展完善自己的思维。拓展2的设计具有一定的挑战性，能激活学生的思维，点燃他们智慧的火花。学生们创造性地提出了方程思想(双勾股)、面积法；教师也适时地补充了坐标法，在反思、总结中不断拓展学生的解题思维，提升学生的数学核心素养。

（李银萍执笔）

第九节

A better town for teenagers 实录片段及反思

【实录片段】

T：Could you please read the passage quickly and answer the questions：Who is Amy probably? What's the main idea of the passage?

Here are two tips for you. Tip1：Pay attention to the writer's standpoint. Tip2：Usually, the first paragraph can help you get the main idea. Now let's start.

S：Maybe is a teenager.

T：How do you know?

S：Because we can always find"teenagers" in the passage.

T：Good job. So we should pay attention to the writer's standpoint.

S：The main idea is that there are many things that we can do to make life in our town a lot better for teenagers.

T：How do you know?

S：Because the first paragraph can help us find the main idea.

T：Exactly. So can you choose the best title for the passage? Make a better town, A better town for teenagers, Be a better teenager? Which one is the best?

S：A better town for teenagers.

T：Why do you think so?

S：The key words of the passage are"a better town" and "teenagers", so we choose "A better town for teenagers".

T：Perfect. Now please read the first sentence of Para. 2~5 and find out how many opinions Amy has. And here is another tip: Sentences like "I think …" can show people's opinions.

S: Amy has four opinions.

T: How do you know?

S: I think … I believe … I'm sure that …

T: Great. These sentences show Amy's opinions. And what are Amy's opinions?

S: More bike lanes, more places for teenagers to go, more sports facilities and don't drop litter.

T: You're really clever. And in order to make these opinions more logical, Amy uses some phrases, can you find them?

S: Yes, "first of all" "also" "in addition" and "finally".

T: Excellent. So here comes the fourth tip: Linking words like "first of all, also" can make people's opinions more logical. All in all, Amy has four opinions, but why she has such four opinions? What are her reasons? Please read Para. 2~5 carefully and finish the chart.

S: Amy wants more bike lanes because a lot of teenager bikes are everywhere. If there are more bike lanes, it will be much safer.

S: Amy wants more places for teenagers to go because if there are more places for teenagers to go, they won't cause problems in the street.

S: Amy wants more sports facilities because if there are more sports facilities, teenagers can play other sports like skateboarding and rollerblading.

S: Amy thinks they shouldn't drop litter. If they all do something to help now, their town will be much better for everyone in the future.

T: Wow, you all did a very good job! Let's focus on these "if sentences" and comparatives like "much safer" "much better". Why does Amy use them?

S: Because Amy wants to show her hope.

T: Good. Amy wants to have a better town for teenagers so she uses "if sentences" and comparatives to express her hope. And can you guess who Amy probably writes this passage to?

S: Maybe Amy writes the passage to the reporters and the governments.

T: Why do you think so?

S: Because Amy wants a better town, she probably writes the passage to those people who would take her advice and do something for the town.

T: Yes, I agree with you. In addition, boys and girls, what do you think of Amy and why?

S: I think Amy is careful. Because she observes the things around the town carefully so that she finds the shortcomings and gives her opinions.

T: Great. I like your idea.

S: I think she is responsible. Because she is one of the teenagers and she thinks of some ways to make the town become better for teenagers.

T: Wonderful, I like the adjective "responsible". So after reading the whole passage. Please pay attention to the structure of the passage. "A better town for teenagers", we call it…

S: The title.

T: Yes, And this is the beginning. In the beginning, we can find the…

S: Main idea.

T: Great. As for this part, we call it the body. In the body, Amy shows four…

S: Opinions.

T: Good job. Also she tells her…

S: Reasons.

T: Exactly. In order to make her opinions more logical, Amy uses some…

S: Linking words.

T: Wow, you are so smart. And Amy wants to show her hope, so she uses…

S: "If sentences" and comparatives.

T: Perfect. But I think one thing is missed, do you know what?

S: The ending.

T: Yes, here are two endings. Could you please help Amy choose a good ending?

Ss: We choose A.

T: Excellent. Also, here comes the last tip: The ending can conclude the whole passage. As you see, Amy wants a better town, so she gives her opinions. And today, to make our school better for students, the school TV station also wants your advice. Could you please make a mind map with your group mates? For example, I think we need more air-conditioners in the classroom. Do you know the reason?

S: Because it's too hot in summer.

S: The weather is hot in summer and we will feel sick.

T: I totally agree with you. So what's your opinion? Please discuss with your partners about your advice.

(After discussion)

S: I think the food in our school should be more delicious so that we can eat more and grow stronger. If the food tastes bad, we will turn to the food store and buy some fast food. That's not good for our health.

T: Yes, I think your opinion is reasonable. And how about others?

S: I think we need more time for exercising. We stay in the classroom and study all day. That makes us feel tired. So we should go out and play sports so that we can relax ourselves. That's also important for our health.

S: In my opinion, our school uniform is too thick. Even the summer uniform is really thick. That makes us feel so hot. Also, when we finish our P. E. class, we feel very uncomfortable. That's too terrible.

T: Wow, I like your ideas. And I think it's time to put your opinions into writing. Please pay attention to the structure when you are writing. And remember, you can write two opinions. That's enough. In order to make your writing better, here is a checklist for you. As for the structure, you should have the title, the beginning, the body and the ending. As for the language, you should have the main idea, the linking words, "if sentences" and comparatives. Now let's begin.

(After finishing writing)

T：This is a passage. Let's take out the checklist and see how many stars she can get.

...

(After checking the passage)

T：So you can use your checklist to evaluate others' writing. Now please check your partner's passage in this way.

(After students evaluate their desk-mate's passage)

T：I'd like to share this passage. Let's take out the checklist again and see whether her passage is evaluated accurately.

...

T：Now, you must know how to evaluate others' passages accurately. Please check your partner's passage again and make necessary supplement.

【教学反思】

A better town for teenagers 是一堂以读促写课。以读促写课顾名思义，以阅读促进写作，学生通过阅读文本来学习如何写作。在以读促写课中，读是写的基础，写是读的延伸。两者相辅相成，缺一不可。教材文本是语言信息的载体，也是写作材料的聚集地；是表达方式的模板，也是学生写作的话题源泉。所以，立足文本，引导学生在把握文本所提供的材料内容的基础上，积极地吸收运用，进行适当的同话题延伸和拓展，开展写作活动，这样的实践有望达到立足文本、以读导写、以读促写的目的。本节课的语篇材料讲述了 Amy 想要让自己居住的城镇更加适合青少年，故而提出了四点建议。本课的教学目标落点于学生通过阅读文本，自主探索讨论，借鉴语言，提炼框架，从而进行模仿写作——给自己的学校提建议。本节课充分强调了以学生为主体，构建自主课堂，推进自主学习。具体从以下三个方面来评析。

一、借助师生对话，搭建写作框架 >>>>>>>

区别于传统课堂的"一言堂"，自主课堂倡导通过教师引导、小组合作探究、学生课堂展示等方式创设开放的对话平台，引领学生自主学习。在本堂课中，教师首先引导学生找到本文的主题句，从而让学生探究得知：主题句通常在文章的第一段。接着教师让学生关注 Amy 提出的建议及其理由，学生通过自主学习发现，可以用"I think …""In my opinion …"等句子来表达个人观点。另外，学生从文本的语言进行分析，又掌握了表达观点时用连词进行连接以体现逻辑性这一策略。在最后一个环节，教师让学生为文章选择最佳结尾，学生通过自主分析得出文章结尾应体现总结全文这一特点。至此为止，学生已探究习得了写作框架与可借鉴的语言内容。接着，教师又带领学生进行文本回顾，以归纳语言材料、整理思路及明确整体文章结构。

二、借助合作探究，明确写作思路 >>>>>>>

自主课堂倡导以学生为中心，故在读后写作环节，教师设置了这样一个话题：Amy 想要让其居住的城镇更加适合青少年，所以她提出了自己的建议。作为古林镇中学的一名学子，你对我们学校有什么小小的建议呢？学生是校园的小主人，是学校的中心，故他们更能提出切合实际的想法来为校园增添光彩。写作前，学生先进行小组合作讨论，来明确想要提出的建议和原因。生生对话，思维的火花将会进行激烈的碰撞，这使得学生们能收集更多的写作材料，拓宽其写作思路。继而学生以小组报告的形式进行口头反馈，一方面帮助了他们明确写作方向，另一方面为其写作搭建了框架。

三、借助生生对话，评价写作效果 >>>>>>>

学生是学习的主体，在各类的评价活动中，学生都是积极的参与者和合作者。因此教师应建立开放、多元的评价氛围，鼓励学生进行互相评价，实现评价主体的多元化，帮助学生在自我评价、互相评价及师长评价中不断反思、认识自我，从而实现自主学习和发展。在本课的写后环节，教师随机抽取一名学生的写作进行全班展示，并借助清单来向学生示范如何借助写作测评表对写作内容进行批改、标注和评价。之后学生两两合作，依据教师范例和清单来对同伴的作文进行批改与评价。在生生互评这个环节结束后，教师再一次抽取一份批改后的作文进行全班展示，并讲解该批改是否精准、评价是否到位。然后学生依据此范例进行同伴间作文的二次批改，从而保证评价效果。学生的作文经过两次批改后，可以让其正视自己的不足，在习作后进行反思，在交流中得到提升。故写后环节可总结如下：确定细则—示范评改—生生互改—互换评价—教师点评—反馈升格—佳作展示。

（胡婧梦执笔）

Sad but Beautiful 实录片段及反思

【实录片段】

T：OK. Just now, we enjoyed some pieces of music. Do you like them?

T：So do you still remember what kind of music have we enjoyed?

S：Electronic music.

...

T：We enjoyed four pieces of music **in total**. So Among these four pieces of music, which one do you like best, and why?

S：I like pop music best. Because it is exciting.

S：I like electronic music. Because it's exciting, too.

T：OK. It's exciting, right. So you see, different music gives us different feelings, right? Because it can also makes us recall our experiences in the past.

Guess, which one do I like best? Here's a tip for you. This kind of music is played on the Chinese musical instruments.

S：Folk music.

T：That's it. Chinese Folk Music. I think it's very beautiful, and it is also our China's national treasure, which can **reflect** our Chinese culture. Every time I listen to it, I feel very proud to be a Chinese.

And last weekend, I went to a concert with my friend, Lisa. There we enjoyed some beautiful folk music, which is played by some great **masters.** They are very good at playing the Chinese folk music. OK.

Here I want to share three pieces with you. Now just try to relax, OK? And enjoy the music. After listening, I hope you can share your feelings, OK? Here we go.

So how do you feel about it?

S: I: feel very happy.

T: So you **sense** the happiness in it, right? Do you know the name of this music?

S: *Yangko*

...

S: I sense the sadness in it.

T: OK. Well done. So do you know the name of this music?

S: *Erquan Yingyue*.

T: In English, we call it *Moon Reflected on Second Spring*.

Step 1: Pre-reading

T: Actually, *Erquan Yingyue* is the most moving one in the concerts. And my friend, Lisa had such a strong feeling about it that she wrote a passage"Sad but Beautiful".

T: OK. Now let's look at the tiltle and the picture, can you guess what Lisa wrote about? Look at task one, and check (√) what Lisa might write in the passage.

Who'd like to share your ideas?

S: Her feelings about *Erquan Yingyue*.

S: The musician Abing.

S: The popularity of Abing.

T: Maybe the popularity of Abing. So do you think you're right or wrong? Maybe you're right. OK. Now let's read the passage and check it.

Step 2: While-reading

1. Fast-reading

T: To help you get the answers quickly, I have a tip for you: Can you read it together?

S: Usually we can find out the main idea of each paragraph from the first two sentences.

T: So this time, let's read the first two sentence of each para graph.

S: Para 1 is about her feeling about *Erquan Yingyue*.

T: Yeah, her feeling about *Erquan Yingyue*. So What is her feeling?

S: She felt moved.

T: Well done. Sit down, please.

Now, let's go to Para 2. What is Para 2 about?

…

T: So here, we know Lisa will talk about her feeling, and talk about Abing's life, and Abing's popularity, right? So What is "Sad but Beautiful", do you know? Maybe we need to read the whole passage.

2. Careful reading

Para. 1

T: We know Lisa was moved. So first one, why she was moved? Please read quickly and just circle the key words for the sentences.

T: OK. Who'd like share your answers?

S: The music was strangely beautiful, but under the beauty I sensed a strong sadness and pain. It is one of the most moving pieces. Lisa almost cried along with it.

T: Good. Sit down, please. I wonder why the music was strangely beautiful? Do you know?

S: Because under the beauty, she sensed a strong sadness and pain.

T: well done. Sit down, please.

So from the details, we know Lisa was moved by the beauty and sadness in the music, right?

So what is the beauty, and what is the sadness in the music? Maybe we can follow Lisa to learn about the history first.

Para. 2

T: Here is a timeline about Abing's life. So do you still remember what happened in 1893?

S: Abing was born in the city of Wuxi in 1893.

T: Yes. What happened later? This time, read Para 2 carefully and underline these things at these time points. Got it? OK. Here we go.

S: His mother died when he was very young.

...

T: So from the timeline of Abing, What do you think of Abing's life?

S: hard.

T: It's really hard. Abing lived such a hard life. How did he make money? What did he do to make money?

S: He sang and played music on the streets.

T: But why did Abing play music on street to get money instead of asking others for money?

OK. Here let's discuss with our group members. OK? Go!

T: Who'd like to share your ideas? Which group?

Group 1: He wants to depend on himself.

T: He Wants to depend on himself. It means his **self-respect.**

Group 2: Because he loves music.

T: So here we can see, music gives Abing a way to make money, right? It also gives him a way to show his love for music and show his self-respect. As we know, music also makes him popular.

Para. 3

T: So what achievements did Abing get from Music? Here I have two numbers about it, "600" and "6". So what do "600" and "6" stand for?

Now read Para 3 carefully and find out.

S: He could play over 600 pieces of music.

S: It is a pity that only six pieces of music in total were recorded for the future world to hear. But his popularity continues to today.

T: So "6" means six pieces of music were recorded. It is a pity. So among these six pieces of music, which one is the most popular?

S: *Erquan Yingyue*.

T: So how do you know?

S: Abing's *Erquan Yingyue* is a piece which all the great *erhu* masters play and praise. It has become one of China's national treasures.

T: OK. Actually, *Erquan Yingyue* is popular not only in China, but also all over the world. And a famous musician said, "This piece of music should only be knelt down to listen to".

So why is Abing's music so popular? Now let's discuss it with your group members. OK?

S: Because its sad beauty not only paints a picture of Abing's own life, but also makes people recall their deepest wounds from their own sad or painful experiences.

T: So you means the experiences from Abing. And also the experiences from ourselves. We also can see his musical ability and the six pieces of music he left to us. These make Abing very popular.

Summary

T: So now let's go back to the title. Now could you tell me what is sad, what is beautiful in the music?

S: I think the sad is Abing's background, especially his hard life.

T: So how about the beauty in the music?

S: The beauty means the music makes people feel beautiful.

T: Also his love and his self-respect is very beautiful in the music.

We can see "Music is not only a language that we can use to show experiences and feelings, but also a way to communicate with others". That's why I like music.

Step 3: Post-reading

T: So do you like music?

S: Yes.

T: Now let's use music to communicate with each other and share our feelings.

So, ✕✕, please. What music do you like? And why?

S: I like music that can make me relaxed. My favorite piece of music is *Meiyou Yiwai*. The melody is very slow. The lyrics are beautiful, and I can get energy from them.

T: Thank you for sharing.

This is the music from ××. How about yours? Now let's share your music in a group of four, and choose the one you all like to share in class.

Got it? OK. Go! Share your music.

T: OK. Time's limited. So which group would like to share your music?

Group 1: As for me, I prefer pop music. And my favorite piece of music is feeday. It is really exciting. First, it can not only helps me feel excited, but also cheer me up. What's more, it has fascinating lyrics. And I like the singer who sings the words clearly. I think others should listen to this song. I hope you will have a try. You will surly like this.

T: OK. Thank you. Your introduction makes me want to listen to it. Sit down, please.

Any other groups?

Group 2: As for me, I prefer pop music. And my favorite piece of music is doorside. It is really a wonderful one. First, the song was written by my favorite composer, Allen Wolker. Also, the lyrics are not only great but also cheer me up. And it's easy to sing along with. I hope you can have a try.

T: OK. I will have a try.

Any other groups?

Group 3: As for me, my favorite piece of music is *pick up the phone*. It is really a energetic one. First, the song sounds very exciting. And the song's lyrics are really relaxing. What's more, this song is written by Justin. Justin is a handsome and talented singer. And this song can make me very relaxed. I hope you will have a try.

T: OK. Thank you.

...

【教学反思】

英语课程标准(2011年版)对学生的综合语言运用能力有如下描述：以语言技能、语言知识、情感态度、学习策略和文化意识五个方面共同构成的英语课程总目标。既体现了英语学习的工具性，也体现了人文性；既有利于学生发展语言运用能力，又有利于学生发展思维能力，从而全面提高学生的综合人文素养。2015年王蔷教授对英语学科核心素养的结构做了解读。英语学科核心素养既体现了新课程要求的五个方面的能力，又对建立在语言能力和学习能力之上的思维品质提出了更高的要求。

阅读是实现语言能力发展、学习策略调控、思维品质培养和文化品格塑造的有效途径之一。值得注意的是，阅读教学不再是过分重视词汇和句子层面的教学，而是要关注语篇和语义教学。教学不再停留在浅层，更关注良好阅读习惯的渗透和逻辑批判思维的培养。这要求教师运用启发引导，采取自主、合作、对话的方式，促使学生自主深入探究，促进学生阅读能力与思维能力的同步提升，培养学生深度学习的能力。教师不再只是知识的传授者，而应该是学生学习的合作者、引导者和参与者，让学生成为课堂的主体。教师通过适时的指导与点拨，引导学生自主参与课堂活动，运用阅读策略自主学习，通过合作探究理解文本的深层意义。

这种新型的英语阅读课课型特点也体现了自主课堂的核心理念。本课是人教版《英语》九年级第九单元的一篇阅读文章 *Sad but Beautiful*，它是对单元话题——音乐的深化。在自主课堂教学时，教师需要围绕语言能力这一英语学科核心素养的基础要素，引导学生运用阅读策略了解中国民间音乐代表作《二泉映月》及其创作者——著名盲人艺术家阿炳的故事。通过教师点拨，学生在师生对话、生生合作中探究主题"Sad but Beautiful"，挖掘了蕴含在文本深处的丰富内涵，关照了文字符号中映射出来的作者的情感态度，注意到了文本和音乐与《二泉映月》和阿炳之间的内在关联，培养了自主学习、思考、探究能力，提升了阅读能力与思维能力。

一、构建师生共同体，创设开放对话平台 >>>>>>>

自主课堂中，教师不再只是知识的传授者，而是学生学习的合作者、引导者和参与者。教师要关注与学生的课堂交流和交际的生成，构建师生共同体，消除师生间隙，让学生敢说、乐说，让学生愿意去思考探究。

在教学中，教师首先以四种类型的音乐导入中国民间音乐，然后去欣赏精彩的民间音乐片段，以此激发学生的学习兴趣。接下来通过设问：What may the passage mainly talk about? 引导学生预测文本内容，激起学生的阅读欲望。从课堂一开始就创造了学生与文本、与教师对话的良好氛围。

对于文本的学习，教师首先引导学生运用阅读策略提炼段落大意，提取细节的支撑性信息；然后通过追问，层层递进，引导学生进行自主思考；最后通过生生之间的互动和小组之间的合作交流，适时点拨，激发学生自主探究的热情，不断去挖掘蕴含在文本深处的 "Sad but Beautiful" 到底是什么。至此和谐融洽的师生关系也就顺理成章地建立了。学生们在轻松的氛围中学习，敢于表现，敢于质疑，敢于争论。学生的思维、情趣乃至个性特点有了张扬的空间。

新的阅读教学过程实质上是学生与教师、学生与学生共同与文本对话，教师与学生在交流互动中共同发展的过程。因而只有让课堂成为师生互动的舞台，学生才能动起来，才能在自主、合作、探究中得到真正的发展，我们的课堂也将更加精彩。

二、搭建支架，给学生提供阅读策略 >>>>>>>

在自主课堂教学中，教师要让学生成为课堂主体，让他们自主探索，首先要教给学生阅读策略，为他们搭建与文本对话的支架；同时让学生通过本次阅读体验，学会阅读策略，并能自主运用到其他文本阅读中，真正达到学以致用的目标。

本文的主要阅读策略是 Supporting details like reasons can help us understand the main idea，即了解细节对段落大意的支撑作用。在语篇阅读活动中，教师首先引导学生根据标题与配图，猜测文章的主题，让他们预设阅读的目标，同时以 tip 形式呈现略读的技巧——Usually we can find out the main idea of each paragraph from the first two sentences，由学生运用策略，自己找段落主题并进行归纳，从宏观上把握文章脉络。然后再通过运用 Supporting details like reasons can help us understand the main idea 的策略，细读文本，围绕每段段落主题词"sad""hard""popular"分别找读支撑细节，理解 main idea 与 supporting details 直接的逻辑关系。通过语篇分析，学生可以提高分析能力，培养逻辑思维。最后通过引导学生对细节进行深入探究、自主思考、合作谈论，理解文章主题，即"What is sad but beautiful in the passage?"

学生的阅读过程需要教师设计递进式的任务链活动，逐步搭建支架，使学生在运用支架策略中自主体验文本的逻辑性，合作探究文本的深层意义。

三、创设活动，使教学回归生活 >>>>>>>

英语教学的最终目标是让学生能在真实的生活环境中运用英语，表达自己的想法，分享感受，体验文化。因此教师要打破封闭的教学环境，让课堂走向生活。

教师最后通过追问，引导学生理解音乐对阿炳的意义、对我们生活的意义后，设计了"分享音乐、分享感受"的活动。学生首先自主思考对自己有意义的音乐，并运用单元重点语法——定语从句阐述意义；然后进行小组分享，选出最让他们感动的短文，进行修改润色；最后进行班级分享，拉近距离，了解彼此。在这个过程中，学生对于英语运用有了积极性与热情，会进行主动的合作学习。这不仅缩短了生生之间、师生之间的距离，而且缩短了学生与英语之间的距离。学生感受到了英语学习是一件快乐的事情。

（金慧红执笔）

第六章
自主课堂的文化平台建设

　　学校仅仅通过自主课堂改革来推进学生自主学习，促进学生自主发展，是远远不够的。这样学生很难形成自主意识和自主学习能力。学校应在校园内营造学生自主成长的文化氛围，搭建有利于学生自主成长的文化平台，在自主文化浸润中唤醒学生的自主意识，激发学生学习的内驱力，使学生成为拥有终身发展能力的自主学习者，为自主课堂践行提供强有力的文化保障。

　　为此，古林镇中学以自主课堂为核心，通过"促进学生自主发展、实施班级自主管理、提升教师自主能力、开拓学校自主路径"等自主文化平台建设，促使学生转变成为学校各项自主管理的参与者，在自主参与中形成自主意识；促使教师自主提升教学能力，以教师的自主影响学生学习的自主；促使学校搭建制度、课题、环境等自主文化平台，提升师生自主能力。这样，师生最大限度地参与其中，充分发挥积极性、自主性和创造性，实现人人自主参与学校管理，人人自主营造学校文化，人人自主争做学校主人，班级成为学校自主之花开放的沃土，校园成为学生自主成果展示的平台，有效地推进了自主课堂的践行，让学生享受到了学校自主文化带来的喜悦与成功。

第一节

促进学生自主发展

∧
∨
∨
∨
∨
∨
∨
∨
∨

古林镇中学把自主权交给学生，在尊重、信任、引导和激励下，最大限度地调动学生的内在动力，给学生更多的时间和空间；放手让学生自我治理、自我教育，体验活动的乐趣，感受成功的快乐；培养学生的自主意识，教会学生自己处理生活与学习方面的事务，为每个学生提供展现个性与才能的舞台，最终让他们在自主活动中获得感悟，提升自主能力，促进自主发展。

一、把学校交给学生管理 >>>>>>>

学生是学校的主体，把学校交给学生管理，让这支生力军由教育的对象变成学校管理者的可靠同盟，成为学校管理的第三只眼，不仅可以提高学生的管理能力，而且可以增强他们的责任感、自制力及与他人沟通、交往的能力。学生在管理过程中，对学校有认同感，对学校安排的活动有主动参与的想法，并能对学校文化提出自我建议，真正成为学校管理的主人。这样，学校管理的盲点就会减少，学校工作的创新性就会加强，学校的自主文化就会得到学生的认同与支持，这些反过来也会促进学生的自主发展。这种积极作用是不言而喻的。

（一）加入学生自主管理委员会

古林镇中学每学期初都会开展宣传活动。学生自主报名参加自主管理委员会。评委在全校学生面前进行演说、打分后，选出两名校长助理。其他学生为自主管理委员会成员，共同参与学校管理。学生自主管理委员会自定纲要,自主分工,落实职责。学生自主管理委员会管理内容包括学生行为、校园环境、早晚自习及日常规范、课堂教学、学校特色、学校文化等方面。各年级自主管理委员会成员分三大组(每组设立一个组长),负责对本年级各项项目的检查(实行每周轮流的方式),每天将本组职责范围的情况填写在册,汇总到组长处形成分数报表,报学校政教处相应负责老师核实签字后统一登记、存档、公布。每周撰写管理小结交行政处,由行政人员在下周整改;每月召开自主管理委员会会议,并在全体教师会议上发言,向学校反馈优点及不足,督促学校整改。针对在美化净化校园、保护公共财物、做好事、维护集体利益和荣誉等方面有突出表现的学生,让班级提出书面申请,报学生处审批,可进行加分奖励,计入《学生成长手册》,自主管理委员会每周汇总公布奖励和扣分情况。自从实施学生自主管理委员会后,学生自我管理的意识和能力得到了提高,主动性、积极性和创造性被充分调动,自主学习、自我发展的能力得到了培养,学生由被动管理走向主动参与,从而使一部分学生成为全校文明行为的榜样,带动全校同学养成讲文明、守纪律的良好习惯,共同营造和谐的校园气氛,提升学校的自主管理水平。

(二)通过校长信箱提建议

设立校长信箱是非常必要的,是对其他工作的有效补充。校长信箱没有具体内容的限制,任何意见或建议都可以提出。初中生的自主意识开始增强,他们中的很多人有着独立处理和安排集体事务的能力,渴望被认可,希望能发挥自己的聪明才智为学校服务,体现自己的价值。学校借助校长信箱,搭建信息沟通平台,听取学生的意见和建议,激发广大学生的主人翁意识,为监督提供有效的反馈平台。本学期学生的建议涉及"食堂用餐晚去菜品不全、食堂餐余垃圾分类、学生寝室安装空调和热水器、学校社团开设创客课程、每周开设阅读课、社会实践建议"等,涉及面广,视野开阔,全方位关注学校管理。当学生的建议被学校有效采纳后,学生的热情会高涨并能持续下去,更有信心主动参与学校的管理与建设。

(三)主动参与学校活动

学生积极参与学校各项活动,通过活动展示个人风采,提升自身能力，激发学习内驱力，获得幸福感和自信心；同时在活动中，与他人合作，与教师交流，学会沟通、合作，学会自我安排与规划，在享受自主权中获得自主发展。

1. 加入校园电视台

古林镇中学从 2019 年 1 月开始筹建校园电视台，先后购置专业摄像机，搭建校园播出平台，布置新闻录播室。各班利用中午时间在教室集中组织收看节目。为使校园电视台真正成为学生自己的电视台，实现人人参与，学校吸收了一些对摄影和播音比较感兴趣的学生，并进行实践操作培训，以后还要成立摄影、后期制作等小组，力求真正做到学生自主拍摄制作具有校园特色的新闻。同时制定电视台每周主题，由班级轮流负责，根据主题，自己寻找相关内容，并确定主播人，从而真正激发学生的参与意识、合作意识，提升学生的自主能力。

2. 开讲"阿拉讲坛"

"阿拉讲坛"顾名思义，就是"我的讲坛我做主"，这是古林镇中学学生自主教育的又一阵地。为鼓励学生勇于挑战自我、完善自我、展示自我，最大限度地调动学生自主学习的积极性，在讲座中实现自我教育，学校开设"阿拉讲坛"，让学生自主报名，择优讲座。学生根据自己的兴趣，在网上搜索并学习相关材料，参加社会实践调研，亲自收集、分析、筛选自己所需要的信息材料，从中确定讲授内容，经过班级入选后到全校"阿拉讲坛"发言。学校授予"阿拉讲坛授课证书"。这种方式激发了学生的学习兴趣和学习动机。学生自动探索求知，自然而然地将外在知识转化为内在经验，学到了教科书上没有而自己感兴趣的知识，增强了综合能力、创新能力和自主学习能力，迅速提高了各项素质。

3. 参与三项竞赛检查

为培养学生的主体意识，古林镇中学让学生全员参与检查各班三项竞赛，使学生在管理中自律，在自律中自主治理，促进学生全面、自主发展。古林镇中学每周选派 10 名学生进行严谨细致的纪律检查工作，检查各年级升旗仪式、就餐排队及两操的纪律，对各种不良现象及时进行批评教育；同时检查学生文明卫生行为，如校园内随地乱扔果皮纸屑，校内骑车，自行车不按规定整齐停靠在指定地点，都将酌情警告或扣分。

二、自主选择课程 >>>>>>>

课程一词最早是从拉丁语延伸出来的，它的名词形式意为"跑道"，动词形式意为"奔跑"，因此，课程就是为学生开辟能够自主奔跑的"跑道"。课程在内容上强调选择性、个性、活动性；在方式上以学为中心，关注学生自主、合作、探究的学习方式。学生根据自己的兴趣爱好、特长水平、发展需求、学习方式等自主选择，培养自主意识和自主学习能力。

《基础教育课程改革纲要(试行)》要求："学校在执行国家课程和地方课程的同时，应视当地社会、经济发展的具体情况，结合本校的传统和优势、学生的兴趣和需要，开发或选用适合本校的课程，从而促进学校办学特色的形成。"这里讲的课程其实就是学校的拓展性课程选择，具体表现在以下三个方面。

(一)自主选择课程项目

课程是学生成长的"跑道"。为了让每个学生自主选择"奔跑"的道路，古林镇中学基于学生问卷的学情需求，基于教师课程开发能力的校情，基于学校办学理念的特点，基于学校发展的特色，开发了包括书法、茶道、铜管乐、风筝、健美操、STEAM 创客等 46 门拓展性课程，项目涵盖科技创新、艺术修养、人文素养、益智健身、动手实践五大领域，供学生自主选择。学生从自身实际出发，根据自己的兴趣和人生发展方向，自主地在网上选择自己喜欢的课程。学校开学初安排一定时间进行选课指导和课程介绍展示，激发学生学习动机，提升学生选课自觉力，最终使学生在选择中学会自主学习。

拓展性课程的选择采取学生自主选择和师生双向选择相结合的方式，根据学生的特长水平，将拓展性课程分为 A 类课程和 B 类课程。A 类课程是校级课程，采取师生双向选择报名的形式。学生必须要有基础或者有比较强的兴趣爱好，根据自身水平及兴趣自主选择自己心仪的 A 类课程。课程负责老师对学生面试后进行审核。B 类课程采用微信报名的方式，学生使用微信扫描古林镇中学二维码点击关注，然后点击"学生天地"—"选修课报名"—"绑定身份"，在弹出来的对话框里输入手机号码和学生姓名，选择身份即可绑定。未选上的同学在第二轮由师生网下共同重新双向选择。

（二）自主选择课程内容

学生选择课程项目后，基于自身喜好、水平等，在开学第一节课中主动与教师、同学一起沟通、协商，确定课程学习的相应内容，甚至与教师一起开发课程内容，在共同开发中体现学习的自主性和自主权，充分培养课程自主开发力和信息搜索力。例如，"电影艺术欣赏"社团课程的教师与学生共同商量，《星球大战》《洛杉矶之战》《流浪地球》《三毛从军记》《那山、那人、那狗》《西游记之大圣归来》等影片都是学生提议要欣赏的。影评部分内容由学生自己在网上收集，然后以小组为单位做成 PPT 交流、展示。

（三）自主选择课程方式

课程改革很重要的一点是倡导学生自主、合作、探究的学习方式，如果没有"学"的转变，只是拓展内容的延伸，课堂还是知识为本的传授。失去了课程改革的根本目的，拓展课程开得再多，也是毫无意义的。因此，在上拓展课程时，学生应从自身的兴趣习惯、能力水平出发，自觉与教师沟通，在教师的指导下选择不同的课程活动形式。有些内容可以以教师讲授为主，有些内容以集体探究为主，有些内容由学生小组自己在课堂展示，有些内容通过完成作品的方式加以掌握，有些内容可以在室内进行，有些内容应该转移到室外上。同时，对课程方式的评价也可以自主选择。学生自我评价是一种自省、自查的过程，也是一种自我激励、自我完善的过程。学生在自我评价时，会认真反思自我的所作所为，找到自己的优势与不足，同学互评通过学生间相互评价，相互带动，相互激励，取长补短，提高自我反思能力。

三、社会实践促进学生自主 >>>>>>>

为引导学生走向社会，体验社会，融入社会，服务社会，提升自我管理能力，培养乐观、自信、向上的人生态度，古林镇中学每年暑期都会举行"海之梦"学生暑期社会实践活动。经过前期报名、考核等环节，一部分学生入选，参加全区的竞聘活动。为应聘银行大堂使者，学生熟背各种金融知识；为争取幼儿园小小助教名额，学生练习唱歌和跳舞。在竞聘活动现场，学生展现出"古中"学子拼搏、永不气馁、阳光的风采。每名学生都能自信地推荐自我，获得评委肯定与赞扬。在假期实践中，他们离开学校"小课堂"，走进社会"大课堂"，积极参与，不断请教，并写下实践感言。在整个实践活动过程中，学校充分信任学生，把活动自主权交给学生，注重学生自觉、自学、自选、自管和自育能力的培养，从而在实践中促进学生自主发展，使他们体验校园生活外的全新生活，树立正确的世界观、人生观、价值观，增长自身的见识。

随着古林镇中学课程改革的不断深入，自主教育的理念已得到更多师生及社会各界的认同。2018 年寒假，在学校积极倡议下，各班级的学生在家长和教师的支持下，通过家长委员会牵线搭桥，自发组织，积极参加各类充满意义的志愿服务活动。他们走到敬老院为孤寡老人带去温暖，走上街头为建设"美丽家园"贡献力量，走进火车站为旅客们送去服务，走入医院为病人奉献爱心……义工课程活动开展以来，除了得到广大学生的积极响应之外，很多家长也积极参与。各位家长利用自身的专长及资源，为学校活动提供各种建议，甚至积极来校修缮设备、布置教室及开展课程讲座等，推动了学校课程改革不断发展。

除了学生的社会实践、义工活动等，学校还组织学生走出国门，开展国际研学，去新西兰、美国体验不一样的异国文化。在研学过程中，学生自己收集了解国外文化，自己学习生存技能，自发管理研学团队，自主融入国外课程学习，自觉撰写研学心得，从而培养了自主解决问题能力、自主管理能力、自我教育能力、自主学习能力。

通过不同形式的社会实践活动，学生拓宽了视野，丰富了知识，培养了兴趣爱好。学生更充分、全面地认识了自我，锻炼了自我；同时也客观地认识到了自己的不足，对自身能够进行客观评价，并激发自身的学习动机，促进自主学习。相信这一切都会成为学生自主成长的宝贵财富。

实施班级自主管理

班级是学校进行教育管理的基本单位，是学校开展各项活动的基本组织形式。班级管理工作直接影响着教育教学的工作效率，对促进学生自主成长起着十分重要的作用。自主管理是让学生做班级管理的主人，发挥学生自我教育、自我治理的积极性，使学生在班级自主管理中学会自立、自治、自育、自我调节，从而主动地认识自己，发展自己。

正如苏霍姆林斯基所说："真正的教育是自我教育。"也就是说，学生既是教育关系中的主体，又是自我教育的主体。在民主合作、和谐友爱、平等尊重的班级人际关系中，学生充分发挥自身的主体性、主动性、自治性和创造性，主动参与班级管理，认识并发现自我价值和自我潜力，树立自主意识和责任感，提升自我班级管理能力，最终促进自身全面发展。

教师作为指导者，要充分调动学生参与班级管理的主动性、积极性，尊重学生的意愿与想法，把教育的自动权还给学生，为学生搭建一个自我展示的平台，培养学生的主人翁精神与主观能动性，充分发掘学生的内在潜力，协助学生自我发展。同时，教师要放手让学生自主管理，让学生成为班级的管理者、制度的制定者、自我教育的主体者，实现由他律转变为自律，由约束自己转变为自我约束，从而获得自我教育的能力。

因此，实施班级自主管理对实现学生自主成长有着积极的作用，符合学生自主发展的要求，有助于减轻班主任的工作压力。在实施过程中，教师可具体从以下四个方面着手。

一、提升教师自主管理理念 >>>>>>>

在许多班主任的意识中，班级管理就是"管"与"严"，学生是靠严厉管出来的，强调学生的服从，这充分体现了教师以教为中心的管理思想，已严重脱离育人的方向。随着课程改革的推进及育人目标的变化，教师必须加强自身学习，转变管理理念，唤醒学生的主体意识，发挥学生的主动性和积极性，展示学生主体的人格魅力。

(一)教师应树立"以人为本"的教育思想

在班级自主管理中，教师应把学生放在第一位，把学生的发展作为班级管理的原则和出发点，关注学生的身心健康、需要和自主发展。

(二)教师应尊重学生需求

教师应主动倾听学生心声，了解学生的心理渴求。学生在融洽、和谐的人际关系氛围中才能充分表达自己的意愿，有机会参与班级管理，在班级中体会归属感和自尊感。这样，学生才会感觉到在班级中学习与生活的意义，才会对班级充满感情。

(三)教师应让学生成为班级管理的主人

教师在班级管理过程中要主动放权，引导学生共同设计本班管理目标，共同制定班级制度，让学生自己组织活动，明确划分学生职责，使学生在自主管理、自我教育、自我发展中成为真正的自己。

(四)教师应帮助学生树立自主管理意识

由于初中生自制力不足，自我管理能力缺乏，主动性不强，自我意识不够，因此，在管理班级时，教师应让学生明白自己是班级的主人翁，班级需要自己的付出，自主管理能让自己锻炼能力，从而使其能积极参与到自主管理当中；在班级管理中，要求学生站在管理者的角度换位思考，并给予学生实践的机会，使学生在不断锻炼中提高自主管理能力。

二、借助浸润、自省实现自育 >>>>>>>

　　班级文化建设是形成良好班风的载体和平台，也是促进班级活动的软实力，更是学生发展个性、创设自我教育载体的阵地。苏霍姆林斯基说过："无论是种植花草树木，还是悬挂图片标语，或是利用墙报，我们都将从审美的高度深入规划，以便挖掘其潜移默化的育人功能，并最终连学校的墙壁也在说话。"所以说，班级文化是一个班级的灵魂，是班级愿景、理念、意志的综合反映，对学生品德、行为的形成有着十分重要的影响。

　　为此，教师应善于借助班级文化，变"管理"为"浸润"，变"被动"为"主动"，变"教师管理班级"为"班级共同发展"，让学生在浸润中自省，在自省中促进自主发展。

　　古林镇中学的教师积极营造浸润空间，如每班早读《国学》的学习浸润，班级墙壁"学生风采"的环境浸润，从齐唱校歌《枕爱飞翔》到自己组织"我爱祖国"主题班会的思想浸润；根据本班理念及目标，组织全班学生共同设计班名、班徽、班旗，在互相交流、讨论、修改中达成共识，使学生拥有共同奋斗目标，从而在全方位浸润中实现自我熏陶。

图 6-1　706 班的班旗

　　班名：向欣班
　　班名有着欣欣向荣的含义，象征着 706 班的每个成员如春天的草木，生机勃勃。"向欣"也与"相信"谐音，表达了 706 班同学们相信自己，相信明天！

706班班旗设计说明：

班旗主体部分是由一个红色的"6"（代表青春洋溢）和蓝色的翅膀（代表希望）组成的"飞"字。"飞"字的左侧是个"7"，象征706班是一个青春的、热情的、满怀希望的班级。外圈绿色的橄榄叶和英文代表706班是一个和谐美好的大家庭。

此外，教师组织每名学生在每周班队课进行自省，内容包括学习成绩、学习态度及方法、生活习惯、日常行为、品德、社会实践、社团活动等，在反思中制定整改目标、策略，督促自己在下周行动。教师进行必要协助辅导，并记录在《学生成长手册》中，使学生自我教育能力得到提升。

三、自主参与班规制定 >>>>>>>>

俗话说，没有规矩不成方圆，合理、科学地制定班规可以有效促进班级和学生共同发展。班规是用于指导班级日常管理工作正常运转的工具，但传统的班规大多倾向于约束学生，不能体现现代管理的主流。因此，班规应该是一个活着的标杆，而不应该成为教师"看死"学生的规矩。让每名学生自主参与到班规制定中来，广泛听取大家的意见、要求和意愿，体验自我约束，可以促进班级管理从"他主"走向"自主"，从"他律"走向"自律"，从而体现学生的自主性、民主性。

（一）班规内容要体现自主性

班规不仅要体现教育管理者的教育诉求，而且要体现学生发展的内在需求。学生具有话语权，教师应给予学生充分的自主性，按照不同种类的制度指引学生自主表达和自主设计，最终由学生确定哪些制度目前班级发展最需要，哪些制度同学最难遵守，使制度内容体现学生发展需求，吻合学生发展兴趣，切合学生发展实际。

（二）制定过程要体现民主性

班规制定的过程应充分体现民主，广泛收集意见。首先拟定班规初稿，经全班讨论后，对讨论意见进行整理，修改后达成共识，学生投票表决通过后方可成规。在班规民主化过程中，教师要把规则的设计、制定、实施、评估等环节的主动权交给学生，让每名学生都能够行使职权，充分发扬民主精神，让学生体会到主人翁的责任感，深刻理解班级制度的前因后果，从而化解矛盾，消除抵制情绪，认同、接纳并自觉履行班规。

当然，在制定班规时，班主任也要发挥引导的作用，要提出合理化建议或意见。同时，班规一旦形成，学生就要主动、积极地遵守，维护班规的权威。在实施班规的过程中发现存在问题和缺陷时，每名学生都有义务、有权利及时提出，进行集体商讨修改后再实行。

四、放手让学生自治 ＞＞＞＞＞＞＞

自我教育养成是实现从他律走向自律，实施班级自治是实现从自律走向律他。教师通过班级自治，采用"班干部竞选、班内岗位轮动、自治小组制、班级民主议事"等方式，把班级事务分给学生，把管理权交给学生，使"人人有事做，事事有人管"，实现从自律境界跨入律他境界，使学生在自主管理的过程中自主教育。

(一)班干部竞选

民主选举班干部，让每一名学生都有选举权。教师要确定好班干部的架构，拟定待竞岗位、参选条件、待竞岗位的职责要求，通过学生自荐参选或同学推荐产生候选人，然后进行班内竞选演讲，开展全班民主投票，最终选出大家认可的班干部。

(二)班内岗位轮动

班主任要打破班干部"任命制""终身制"，实行"岗位轮动制"，让每名学生都能在岗位的轮动中有机会体验岗位的苦乐与责任，形成良好的换位思考习惯。在管理与被管理之间转换时，初中生更能把握好管理尺度，也能认识到自主管理的必要性。

(三)自治小组制

按兴趣相近的原则，全班同学自愿组合，建立多样化的自主自治兴趣小组，如就餐管理小组、作业检查小组、板报小组、垃圾分类小组、学习合作小组等，吸引全体学生参加。每名学生都能自由选择适合自己的小组，明确自己的分工。这样的班级管理中，每名学生都既是管理者，又是被管理者。学生不但能管理他人，还能学会管理自己。每学期班委成员召开两次会议，听取小组负责人的汇报建议，并对班级存在的问题进行整改。

（四）班级民主议事

班干部每月集中商讨班级事宜，分析问题与不足，提出建议与方案，并向班主任请教好的管理方式，在共同为班级"把脉"的过程中成为班级的主人。同时，公布班级面临的重大事项，由班集体共同讨论，形成共识性决议，再付诸实践。班级议事的形式活泼多样，因班而异、因事而异，可以采取"班级议事会"或"班级听证会"。[①]

总之，教师在班级管理中要敢于放权给学生，给学生自由空间，让学生在自主管理中发挥主体作用。只有这样，学生才会在自管中自育，在自育中提升自主意识，增强责任感、民主意识与自我管理能力。

---

① 参见毕旺兴：《应该赋予学生五项班级管理权》，载《教学与管理》，2017(6)。

第三节

提升教师自主能力

学校发展的每一项新成就都离不开广大教师的努力，学校改革的每一个新突破同样也离不开广大教师的努力。教师是学校发展的脊梁，是学校改革的重要保障。

2018 年 1 月 20 日颁布的《中共中央国务院关于全面深化新时代教师队伍建设改革的意见》中指出：百年大计，教育为本；教育大计，教师为本。明确提出："坚持兴国必先强师。"教师承担着传播知识、传播思想、传播真理的历史使命，肩负着塑造灵魂、塑造生命、塑造人的时代重任，是教育发展的第一资源，是国家富强、民族振兴、人民幸福的重要基石。

随着知识经济社会的来临，培养学生的独立精神、自主学习能力、探索创新能力和判断力，以适应不断变革的世界，是造就学生成为终身自主学习者的基础。未来人才的培养靠教育，教育的关键在教师。课堂是学校教学活动中最基本的要素，与教师教学和学生学习息息相关。教师每天在课堂这个主阵地中活动，自身的教学理念、素养、能力直接影响着课堂文化和学生成长。

21 世纪的教师应自主规划、自主学习、自主合作、自主反思，在自主、自觉中养成自主发展意识，能自主、自为地规划自己专业发展的目标、计划、途径，并付诸实践，成为自身专业发展的主人；能以积极的心态展开自主学习，并自主地与他人合作，在不断反思、不断探索、不断进取中促进自身和学生的发展，真正成为学生自主学习、自主成长路上的"筑梦人"。可以说，没有教师的自主发展，就没有学生的自主发展。

为此，古林镇中学通过四个方面来提升教师的自主能力，促进学生自主发展，保证自主课堂顺利有效地推进。

一、自主规划力 >>>>>>>>

　　教师的自主成长规划是教师基于时代发展的育人需要，为提升自身教学价值和学生自主学习能力，在充分评估自身水平和外部教学环境的基础上拟定的自主成长方案。自主成长规划内容涉及自我教育教学能力现状分析和自我发展目标两个方面。

　　古林镇中学让每一位名师工作室的成员填写自我成长规划表，通过对自我现状的分析，明确自身现有的优劣势，如职称、价值观、身体情况、业务获奖情况、课堂教学能力、论文撰写能力、课题研究能力、管理学生能力等；然后在充分估计自己发展潜力、外部支撑条件的基础上，理性地制定出课堂教学、论文课题、专业成长等自我发展的阶段性目标。这样的规划促使教师在自我诊断中理性思考，明确自身的发展方向及成长的紧迫感，产生自我提升的内驱力。学校通过考核评估和阶段反馈，明确哪些目标如期实现，哪些尚有一定差距或难度，并根据实际情况建议教师适当调整，保证规划的可操作性和有效性，推进教师个体自主成长，从而以教师自身的自主意识、自主行为潜移默化地影响学生的自主学习。

二、自主学习力 >>>>>>>>

　　《现代教师与学生必备素质》指出：真正成功的教师总在寻求机会学习更多的知识，跟踪他们所教课程的最新进展，不断提升他们的教育能力。学习理应成为教师教育和教师发展中最具活力的因素。教师的发展不是被动的，而是自觉主动地改造自我的过程。

　　因此，教师作为知识的重要传播者、创造者和学生自主学习的引领者，更应该不断以新的知识充实和提升自己，成为热爱学习、学会学习和终身学习的楷模。学习不仅仅是教师生活的一种必要方式，更应成为教师职业的一种道德要求；不应是外部强加于教师自己的，而应是教师职业生涯中不可少的一种内在需求。

（一）自我阅读

阅读可以使教师受到广博的知识、文化的滋养。阅读一些专业书籍、理论著作可以开阔教师视野，增强教师教学的理论功底。阅读其实就是教师终身学习最有效的学习形式之一。

为此，古林镇中学每学年为每位教师征订教研杂志，要求每位教师每学期阅读一本与课程改革相关的书籍，如《静悄悄的革命》《理想课堂的构建与实施》《为了合作的学习》《小组合作学习教学论》《向着自主进发》《班级自主管理100个千字妙招》等；组织教师撰写阅读心得，并开展读书交流活动，教研组每周组织按章节开展理论学习。优秀的阅读心得文章被汇编入《阅读，生命中最重要的遇见》校本书籍，并在校报《蔺草青青》《古林教育科研》《新教育》《中学语文教学参考》等杂志上刊登。通过阅读学习，教师夯实了理论基础，形成了自主学习意识。

教师自发成立非正式组织——江蔺读书社，制订活动方案，举行阅读沙龙、读书心得展示、好书推荐等活动。每年汇编一册《江蔺风》，使阅读伴随每位教师，使读书成为每位教师的自觉行动和工作需要，在全校营造了一种时时、处处、人人学习的自主阅读氛围。学校还与新华书店合作，在校园内建设"悦读书吧"，在营造书香校园环境的同时为广大师生提供了一种适合阅读的环境。同时，学校在青年教师的自发要求下，自主成立"古中·青年教师协会"，并制订实施方案，促进入职3年以上的教师开展自主阅读活动。

（二）主动加入校"名师工作室"

《国家中长期教育改革和发展规划纲要（2010—2020年）》指出："要完善教师培养培训体系，优化队伍结构，提高教师专业水平和教学能力；通过研修培训、学术交流、项目资助等方式，培养教育教学骨干，造就一批教学名师和学科领军人才。"

"名师工作室"是教师专业发展的成长阶梯，在推动普通教师走向成熟教师、走向专家型教师的过程中起到了重要的作用。名师通过自身的专业水平，以点带面逐步提升教师的专业化水平，推进学校师资水平的有效提升。名师本人和工作室成员在合作交流中共同实现了专业成长，同时也为年轻教师注入了新的活力，促进年轻教师自觉发展。

为使新教师、青年教师持续提升、脱颖而出，充分发挥学校已有骨干教师、名教师"传、帮、带"的引领作用，促进全校教师业务能力的提升，并逐渐锻造他们向更高的骨干教师、名教师方向发展，古林镇中学特成立"名师工作室"。"名师工作室"以本校骨干教师、名教师为核心，学员一律自愿报名加入，同时每门学科聘请省特级教师为教学顾问，每周来校指导 2 次，从而促进学校教师队伍的专业化建设。

（三）自主参加学习活动

学校邀请名师、特级教师及专家学者来校讲座，有效提升教师的教育教学素养；组织教师到义乌宾王中学、吴兴实验中学、苏州中学、元培中学、上海静安学校、上海第一中学等国内外有一定影响力的学校参观，学习和借鉴这些学校的成功经验和做法，开拓教师视野；组织教师自愿参加国家级、省级教学活动，每年组织各学科教师参加浙派名师观摩活动，并做好撰写心得、讲座、上课等工作，从而在自主学习中提升教学能力。

学校举办高层次的教研活动和全国级教学大赛，教师主动报名参加比赛活动，在聆听中学习先进教育理念和教学方法，参赛教师的业务水平也得到质的飞跃。

学校让教师自主报名参加学校主题论坛，以提升教师专业技能。2019 年 5 月，教师们围绕"如何有效互动对话"开展学科论坛，撰写了《创设有效互动，让数学课堂更精彩》《自主课堂下如何让英语对话更有效》《英语课堂如何互动》《有效对话，让课堂更精彩》《试论初中历史与社会预习单互动教学的有效性》等文章。教师在撰写中理念得到提升，在论坛中思维得到碰撞，在聆听中实现自主学习、自主发展。

三、自主合作力 >>>>>>>

教师的自主发展除了依靠个人独自在学习中获得对教育的自我理解外，还要依靠教师与同伴在实践过程中互相影响才得以实现。因此，学校注重将教师置于团队之中进行培养，强调教师之间的交流与合作。在团队学习中，教师通过听课、观摩、讨论和交流等合作形式，通过与他人对话，通过参与合作性的实践，来丰富自己的教学知识和实践智慧，从而使个人实践中的难题转化为公共难题，并在集体智慧中解决难题。

一颗星星再亮，也只是浩渺宇宙中的一点，只有漫天的星空才有最璀璨的光芒。古林镇中学自从进行课程改革以来，在教研组教师和教学顾问的共同协作下，对教师个人进行反复磨课、改进，在群策群力中打造精品课堂，提升青年教师的上课能力。磨课活动给上课教师一个充分展示自我和锻炼成长的机会，也给其他教师提供了一个互动交流的提升平台。例如，在散文教学专题研讨中，周灵春老师上《我的童年》一课，全组教师参与听课、评课，提出质疑，寻找解决问题的突破口，在不断磨课的过程中多次修改教学设计。经过将近10次的修改，该课获全国大赛一等奖。

同时，教研组针对教师个体自主课堂中存在的问题，开展团队主题式研讨，把个人问题上升到学校学期教学研究的着力点，共同摸索，互相切磋，逐渐形成具有学校特色的教研活动，使教师在自主中不断学习，在合作中不断提升自主能力。2018学年第二学期，语文组围绕部编版教材三位一体阅读、群文阅读开展磨课，达成理念共识；数学组围绕预习单编写教案，并进行多次修改，终成模板；英语组围绕读写结合，撰写课题，共同解决英语读写分离问题，从而全方位促进教师个体自主发展。

四、自主反思力 >>>>>>>

美国著名学者波斯纳曾经提出教师专业成长的公式：成长＝经验＋反思。叶澜教授也说，一个教师写一辈子教案难以成为名师，但如果写三年反思则有可能成为名师。

新课程标准强调教师必须由传统经验型教师向现代反思型研究者转变。教师的教学反思是教师自主成长的核心因素，是一种理性智慧，能够让教师看到自己在教学过程中存在的不足，在不断追问和检讨中思考解决的方法，减少今后教学的盲目性，从习惯外部训导的"应该怎么做"走向专注自身发展的"我想怎么做"。

为此，古林镇中学要求教师撰写教后记，反思自己教学的得失，自觉形成改进教学的意识。

所谓教后记，就是教师上完一节课后，要及时分析这节课的得失成败，重新认识和做出评价，在肯定成绩的同时找出存在的问题，分析具体原因，及时提出改进教学的措施。它包括对教材内容的取舍问题，对教学重难点的确定问题，对教学策略的运用问题，对教学过程的推进问题，对学生典型问题的有效探究问题，对学生合作、对话的有效思考问题，对教学成效的检评问题，等等。

教师是一所学校的灵魂，一批好教师成就一所好学校，教师的专业成长直接关系到学校课程改革的实施、教学理念的贯彻和办学水平的提高。教师的自我需要和自主意识是教师发展的基础。教师的自我需要转化为内在动机和自觉行为时，就成为推动自身自主发展的力量。更重要的是，教师自主能力的提升将促进学生自主能力的提升，从而保证自主课堂的有效推进。

开拓学校自主路径

文化是学校发展的最终决定力量。学校文化只有和时代的脉搏相融合，才能真正推进学校、教师、学生的全面发展。

古林镇中学以自主教育为核心文化，以自主课堂为抓手，搭建教师、学生、班级等自主平台，营造自主文化氛围，促进学生自主发展。自主文化氛围只有以学校整体的自主为前提，在学校顶层设计的构架下开拓部门、制度、课题、环境、评价等自主路径，实现全方位的自主，才能在学校形成自主文化，才能使学生浸润在自主文化中，才能唤醒学生的自主意识。

一、顶层设计，架构自主路径 >>>>>>>>

所谓顶层设计，就是对学校教育教学未来改革的整体谋划；是校长站在教育改革发展的战略高度，结合本校的教学现状，着眼于学校全局，根据自身的育人观，围绕课程改革工作，自上而下地对学校的办学思路、行政组织、师资队伍、管理制度、课堂模式、学生评价、部门工作等进行综合性的构建。

因为顶层设计具有前瞻性、综合性、可操作性，所以校长在推进自主教育、营造自主文化时，脑中要形成清晰的育人理念，需具备极强的顶层构建力。

基于时代的发展需要，校长必须清醒地认识到教育就是让人成为人，而且这个人必须是自主的人，是终身自主发展的人。为此，古林镇中学提出践行自主教育：遵循教育规律和学生个性发展需求，充分发挥师生的主体性、主动性；在教师的有效教导下，使学生具备自学自选、自育自治的能力，从而形成自觉力，促进学生自主发展。学校确立"以生为本、德学并举、自主发展"为办学理念，以"自主学习、课程选择、自我教育、自主治理"为办学策略，根据"厚德、笃学"校训，构建"厚德课程、笃学课程、生涯课程"三大课程群，实现学生"自觉、自学、自选、自治、自育"的培养目标；积极推进自主课堂改革，促使学生动起来、课堂活起来、效益高起来，实现学生自主发展；围绕自主课堂及学生自主，变革德育、课程、特色、师资、行政组织、学校制度等一系列内容，并对牵涉到的多个部门进行调整，甚至重新布局行政组织，从而全面围绕学生自主打造学校，推进自主教育科学有序、健康有效地发展。同时，校长开展各种自主讲座，统一师生理念，明确自主方向，使全体师生知行合一，实现自主教育的无障碍落地。

二、整合部门，推进自主建设 >>>>>>>

学校任何一项工作的开展必须依托各个部门积极配合。古林镇中学围绕自主课堂建设，对学校各部门工作进行整合、分工，有效保证学生自主发展。第一，备课组一周一次定时、定点、定专题进行自主研讨，并进行书面反思交流学习。第二，教研组利用教研活动日开展理论学习、教师反思、教案评比等活动，开展"同课异构、一课多评、一课多上、听课反思"课例研究。第三，年级段每月召开教师教学问题研讨会，针对自主课堂中的问题开展交流讨论。第四，政教处加强小组文化建设，要求班级建立合作小组，各小组进行小组内人员分工，设计组名、组徽、组规、小组目标等。第五，教务处每天推门巡课，及时了解课程改革情况；每月底上交电子预习稿，并检查预习稿使用、批改、订正情况；搭建赛课、学习型备课组团体、树课改先进标杆等评比平台；开展展示校内骨干示范课、上达标课、课程改革展示月等活动。第六，学校专门成立自主课堂领导小组，专门制定"古林镇中学自主课堂评价表"，从学生学习情况、教师导学情况和具体课堂评价建议三大方面对教师自主课堂教学进行监督。评价表施行以来，效果良好，加速了全校师生对自主课堂的认识，也不同程度地促使了教师自觉推进自主教学。

表 6-1　古林镇中学自主课堂评价表

评价项目	评价标准	得分
学生学习情况(60分)	1. 精神饱满,兴趣浓厚,讨论热烈;同伴协作,帮扶到位,按时完成学习任务(15分)	
	2. 能独立思考,探究问题有主见,能总结提炼学习所得(10分)	
	3. 展示时大胆自信,语言简洁,清晰表达自己的观点;尊重同学和老师,耐心听取别人意见;答疑解惑正确,征求意见谦虚,评价客观公正(20分)	
	4. 达到预定教学目标,所有同学均有收获,有成功感、喜悦感(15分)	
教师导学情况(40分)	1. 学习目标明确,重难点恰当,关键问题把握准确,能根据学习内容合理使用教学资源(5分)	
	2. 注意情境创设和兴趣激发,评价适时恰当,激励性,指导性强(5分)	
	3. 预习单设计实用性强,体现教学要求和学科特点;问题有梯度,适合不同层次学生的需求(5分)	
	4. 及时整理提炼学生生成的问题,适时适度指导学生的学习活动,矫正纠错,点拨总结,体现智慧型指导(10分)	
	5. 课堂步骤清楚,环节紧凑,时间调控合理,板书设计合理、精炼(5分)	
	6. 能准确运用普通话教学,举止大方,知识储备足;能亲近学生,关爱尊重学生,满足不同层次学生的学习需求(10分)	
简要评价		总分

为了更好地落实教学常规管理,突出"自主课堂"这一主题,使学校教学工作走向精细化、科学化,使教学常规要求内化为教师的自觉行为,更好地促进教育教学质量的稳步提高,古林镇中学还特地设立自主课堂巡课小组,具体做法如下。

以各教研组组长和七、八年级语文、数学、英语、科学、社政等各备课组组长为主导,组成 10 个巡课小组,每小组每月至少听课一次,要求认真做好现场记录,文字具体典型、实事求是,并打好分;巡课后及时向该教师反馈情况,认真分析所发现的问题及可能的原因,肯定优点,指出不足,提出建议,促进教师专业发展。

巡课内容包括两个方面。第一是课堂教学的组织纪律。重点关注学生学习状态,如学生注意力是否集中,是否做和上课无关的事情等。第二是自主课堂执行情况。重点关注教师的教学形式及内容是否符合自主课堂的主题，有预习单的课是否使用了预习单，预习单的批改状况如何以及是否编写了教案；教师是否搭建了互动平台，上课环节中是否有预习交流、生生互动环节(组内讨论、小组展示、组间质疑)；学生的课堂参与度与达成度如何；复习课、试卷讲评课是否搭建了自主平台，是否有生生互动自主学习环节(组内讨论、小组展示、组间质疑)。

三、修正制度，保证自主落地 >>>>>>>

古林镇中学紧紧围绕自主课堂改革，重新定位制度功效：第一，从强调评价的甄别、选拔功能，转向强调促进教师发展功能；第二，评价内容由注重学习结果的评价，转向学习过程、学习结果并重；第三，评价主体由单一主体转向多元主体；第四，评价方法由单一量化转向质化与量化相结合；第五，评价标准由整体划一转向尊重个性化表现。

为此，古林镇中学在教研组考核、先进教师评选、教师职称评选、名班主任评选方面，制定了相应的方案，在修正制度中保证自主文化落地，促进教师自主发展。

(一)教研组考核

教研组是学校内研究教学问题的组织，是学校重要的教师组织，是教师间实现交流协作、资源共享、智慧碰撞的重要场所。它直接关系到学校的教育管理，关系到学校的教学质量，关系到教师的专业成长。古林镇中学十分重视教研组的建设，注重发挥其应有的引领功能。学校每年会根据各类活动开展情况和教研成果取得情况，对教研组进行考核评定，推选出先进教研组，给予一定的奖励。考核表格由教研组组长自评后上交，教务处会与教科室、校办核实。教研组组长根据参与活动积极性、承担任务主动性、获奖情况等综合品评，每学年评出若干教研先锋；根据学校动态需要，每年对考核内容进行修改，侧重教师的生涯课程实施、校课改论坛、论文发表、课题立项及结题、课改课展示，使教研组每一位教师明确努力方向，能对照要求自主提升自身业务水平。

(二)先进教师评选

为积极推动课程改革工作，学校对"课程改革先进教师"进行评选表彰，评选课程改革达人，引领课程改革示范，深入推进课程改革，创建课程改革特色；通过自主申报、过程督导、综合考核、总结表彰、后续督导等流程，评选出先进个人。被评上"课程改革先进教师"称号的教师，等同"校级骨干"，在评优中优先推荐。这些先进教师在后续课程改革工作中也应积极维持荣誉，扩大影响，再塑标杆，以点带面，推动全校教师发展。

(三)教师职称评选

学校本着公开、公正、公平的原则，坚持民主集中、群众监督、集体决定的原则，坚持德才兼备、注重教育教学工作实绩的原则，制定了科学合理的教师职称评定制度，为更多具有良好学科专业水平的教师提供客观、公正的竞争平台和晋升机会。凡符合评定条件的教师在规定时间内主动向学校申报，学校确定评定考核小组，对参评教师的资格和自评分进行审核，按考核量化分数高低确定推荐参评教师名单。

职称的评选从专业资历、课时量、教育教学管理工作、学年度考核、各类荣誉称号、指导学生获奖、交流、农村任教等方面进行，特别修改增加"自主课堂教学比赛、科研论文、课改成果、拓展性课程开发"等项目，有效促使了教师提升自主学习能力，提高自我综合素养。

(四)名班主任评选

班主任是一个班级的组织者、领导者和教育者，也是一个班级中全体任课教师教育教学工作的协调者，更是沟通学校与家长、社区的桥梁。为建设一支既有丰富的理论知识又有优秀的实践业绩的学习型班主任队伍，古林镇中学特推行"校级名班主任"评选活动，精心打造班主任专业发展平台，构建合理的班主任成长梯队，激发班主任自主提升动力。

学校通过"先自主申报与推荐，进行考察、审核，通过后公示；然后参加笔试和面试答辩；最后由学校评审小组考量，进行综合评价"的方式，评选出校级名班主任。其中评选要求侧重班主任的科研能力、德育课题或论文撰写能力、自主班级文化建设能力等，通过评选落实自主教育理念，提高班主任自主管理班级的能力。

学校在各类制度上，最大力度地保障民主、公正、公平原则，奖励先进个人和集体，激发教师发展动机，突出教师自主性，提升教师自主能力，切实有效地助推自主教育落地生根。

四、借助课题，支撑自主研究 >>>>>>>

"教师即研究者"运动的倡导者斯藤豪斯谈道："如果教学要得到巨大的改进，就必须形成一种可以使教师接受的、并有助于教学的研究传统。"教师通过研究课题，可以转变传统的教育思想，树立符合时代要求的教育发展观、人才观、教育教学观，构建新的教育理念，成为教育改革发展的先导和动力。古林镇中学借助课题研究，让教师积极参与研学活动，深入推进素质教育，构建自主课堂操作样式。

近年来，古林镇中学根据教学实践中的问题，围绕自主课堂这一中心，开展了一系列有针对性地解决问题的主题论坛，如《预习单编写与使用》《导学案编写习题化问题之我见》《学生自主预习的策略研究》《如何建设有效的合作小组》《小组合作七十二问》《如何进行有效对话》《在追问中如何提升学生展示深度》《自主课堂之我见》等，并取得了良好的成绩。其中有区级课题《高效课堂背景下小组评价有效性的研究》《预习稿与生命课堂的有机融合研究》《运用读写整合策略提升初中生英语写作素养的实践研究》等，有市级结题课题《基于农村学情培养语文学力的教学模式之研究与实践》，还有全国级课题《自主教育背景下"厚德·笃学·生涯"课程促进学生自觉力之研究》等。

《自主教育背景下"厚德·笃学·生涯"课程促进学生自觉力之研究》节选内容

（一）课题研究目标

第一，通过课题研究，借助课程改革，真正落实学校"自主教育"办学思想，凸显学校特色。同时，反过来促进学校课程改革的有效实施。

第二，通过课题研究，摸索学生自学、自选、自治、自育的提升方法、经验，促进学生自觉力的提高，为学生今后的持续发展、终身发展打下基础。

第三，通过课题研究，帮助教师关注学生自主发展，找到从课程实施方式、课程内容开发选择、课程评价等方面促进学生自觉力提高的方法，使学生自觉、主动地参与相关活动，从而建立良好师生关系，构建民主和谐的校园环境。

（二）课题研究内容

本课题是建立在学校课程改革基础上实施研究的，所以研究的内容主要围绕三大课程群实施中如何促进学生自觉力的提高的问题，具体如下。

1. 笃学课程提升学生自学能力的研究

笃学课程以基础性课程为主，学校开展"三三三·自主课堂"教学改革，以"自主、合作、探究"为三大核心理念，以"课前预习单、课堂流程、合作小组"为三大抓手，以"自主学习—合作交流—多元拓展"三个环节为课堂流程，关注课前静态学情和课中动态学情，关注学法（倾听、对话、合作、活动）。这一课程重点研究以下几个方面。

第一，研究预习单对学生自觉力的形成。首先，预习单编写与学生预习能力融合的研究；其次，预习单如何培养学生自觉预习习惯的研究；再次，预习单如何激发学习动机，产生有质量、感兴趣的预习问题，提高课堂学习效率的研究；最后，教师如何通过预习单完成情况，把握学生自学水平，为调整学生自觉力培养提供参考的研究。

第二，研究学生自觉合作、探究、互动的学习方式。通过建立学习合作小组，学生小组合作探究问题并进行展示，激发了自主学习动机。前期每名学生都能自觉与小组其他同学分工协作，共同探究。后期学生能自觉在组内、组间和师生之间质疑别人，大胆提出自己的想法，实现良性互动。通过转变学习方式，改变学生评价方向，更新教师教学理念，学生自觉力得到了提升。

第三，研究学生自觉反思的自我调节能力。在学习中或学习后，学生能自觉反思并进行自我调节，针对学习中的不足，确定下一阶段运用什么策略去维持并解决。

2. 生涯课程提升学生自选能力的研究

生涯课程以社团课程为着力点，学校每学年开出 40～50 门社团课程供学生选择。例如，STEM 课程、风筝课程、茶文化课程主要研究以下几个方面。

第一，研究学生如何选择课程。学生从自身实际出发，自觉自愿选择自己喜欢的课程。随着课程改革的不断深入，学校要做到能根据对学生的调查和学生的反映，开发、开设相应课程，激发学生学习动机，提升学生选课的自觉力。

第二，研究学生如何选择课程内容。学生从自身的喜好、水平等出发，能自觉与教师沟通，选择课程的相应内容，与教师一起开发课程内容。

第三，研究学生如何选择课程形式。学生从自身的兴趣习惯、能力水平出发，在课程活动中自觉与教师沟通，在教师的指导下选择不同的课程活动形式。

厚德课程强调"知行合一"，具体来说就是通过厚德课程，使学生在自觉的所思所悟中受到自我教育，然后形成自觉行为准则，主动去做，自觉去做。具体来说，就是研究以下两个方面。

3. 厚德课程提升学生自治自育能力的研究

第一，自我教育意识的研究。主要通过厚德课程中的自育课程群，以主题班会、国旗下讲话、"阿拉讲坛"等落点，让学生自觉参与主题式"阿拉讲坛"课程内容和课程形式的实施；每周在主题班会中，通过"自我观察、自我判断、自我反映"，在学生动机的自我驱动中进行自我反思，引起学生内心共鸣，使学生深刻认识到自身在学习、品格、个性发展方面存在的问题，从而形成正确的认知准则，并自主调节行为与策略，在自我教育中提升自觉力。

第二，自我管理能力的研究。主要通过厚德课程中的自治课程群，以行为规范、义工、自治委员会等为落点，激发学生自觉地去行动，从而解决自身、班级甚至学校管理方面存在的一些问题，在自我管理中形成自觉行为准则。

在这样的环境下，越来越多的教师已经意识到自己的职责不仅仅是"传道、授业、解惑"，教师也有自己的生命，自身也需要不断地成长和发展。"和学生一起自主成长"成为古林镇中学师生共同的新理念。

五、营造环境，唤醒自主意识 >>>>>>>

良好的校园文化建设可以营造良好的育人环境，推进素质教育进程，提高教学质量，促进师生健康和谐发展。古林镇中学紧紧围绕"自主"文化主题，布置学校环境，促进学生在自主活动中自主发展。

古林镇中学在每一层教学楼走廊的天花板上挂上本届"阳光学子"的照片及格言，有效利用榜样的力量宣传正能量。每两幢教学楼之间的连廊布置"书香长廊"图书角，提供学生随手阅读的场所，培养学生随时阅读的习惯，并由学生自主管理、自主借阅。教学楼中每级台阶上张贴名人名言，每间教室门口墙面张贴名人介绍的资料，潜移默化之间引导学生向先哲学习。综合楼大厅不定期展览学生各类成果，如书画作品、环保工艺品、文体活动等，给予学生展示的机会和平台，激发学生的自信心。学校宣传窗展示学生的荣誉及校内外各大新闻要事，学生可随时获取信息，了解时事。每周四中午，学生在体艺馆自编、自导、自演，自主报名并组织才艺活动，提升了自主意识和自主能力。目前，学校的"自主之花"已开遍校园，开进师生心中。

六、构建评价，促进自主成长 >>>>>>>

　　学生既是受教育的主体，又是自我教育的主体，因为真正的教育就是自我教育。为此，我们通过"自省、践行"的方式实施自我教育，把教育的主动权还给学生，使学生获得自我教育能力，建立起自主成长的评价体系。

　　古林镇中学专门设计制定《学生成长手册》，与学校三大课程内容对接，用来记录每一名学生初中三年的成长经历，并存档保存。导师定期在班会课中组织学生在《学生成长手册》中记录学习、生活、行为等。学生每周进行自我反思，并制定目标、策略、措施督促自己，通过自省触及自己的灵魂，从而提升自我教育能力。

　　学校依托《学生成长手册》，为学生搭建自主成长平台，相信在不懈追寻中，学生会成为自信、自立、自强、自律的人。

参考文献

1. 范春林. 课堂环境与自主学习[M]. 北京：国家行政学院出版社，2013.

2. 庞维国. 自主学习：学与教的原理和策略[M]. 上海：华东师范大学出版社，2003.

3. 郁晓华. 个人学习环境中的自主学习：转变与实现[M]. 天津：南开大学出版社，2013.

4. 张玉彬. 理想课堂的构建与实施[M]. 重庆：西南师范大学出版社，2010.

5. 朱亚红. 向着自主进发：自主教育的创新实施智慧[M]. 南京：江苏凤凰教育出版社，2014.

6. 李晓华，何巧艳. 导向型自主学习的基本原理与教学策略[M]. 西安：陕西师范大学出版社，2009.

7. 殷京雷. 自主教育自主成长[M]. 北京：现代教育出版社，2016.

8. 吴希红. 我要长成自己——初中生自主教育实践探索[M]. 杭州：浙江大学出版社，2012.

9. 诸葛彪，董克发. 自主教学操作全手册[M]. 南京：江苏教育出版社，2010.

10. 单中惠. 外国教育思想史[M]. 北京：高等教育出版社，2000.

11. 张斌贤. 西方教育思想史(修订版)[M]. 北京：人民教育出版社，2011.

12. 朱永新. 中国古代教育思想史[M]. 北京：中国人民大学出版社，2012.

13. 夏妍娜，赵胜. 工业4.0正在发生的未来[M]. 北京：机械工业出版社，2015.

14. 朱永新. 中国当代教育思想史[M]. 北京：中国人民大学出版社，2012.

15. 都玉茹. 拿什么送给你，我的学生——追寻有"灵魂"的教育[M]. 北京：中国人民大学出版社，2011.

16. 姚文俊. 模式就是生产力[M]. 济南：山东文艺出版社，2011.

17. 蔡林森. 教学革命——蔡林森与先学后教[M]. 北京：首都师范大学出版社，2010.

18. 徐利. 徐利与杜郎口自主学习模式实践[M]. 北京：中国林业出版社，2011.

19. 刘金玉. 高效课堂八讲[M]. 上海：华东师范大学出版社，2010.

20. 李森，伍叶琴. 有效对话教学——理论、策略及案例[M]. 福州：福建教育出版社，2012.

21. 陈隆升. 语文课堂"学情视角"重构[M]. 上海：上海教育出版社，2012.

22. 傅永曙. 小组合作学习教学论[M]. 合肥：安徽科学技术出版社，2007.

23. 王莹莹. 自主课堂建构[D]. 福州：福建师范大学，2011.

24. 张勇. 中学教师自主学习研究以咸阳市三区(市)教师为例[D]. 上海：上海师范大学，2010.

25. 张传燧，邹群霞. 学生核心素养及其培养的国际比较研究[J]. 课程·教材·教法，2017(3)，37-44.

26. [美]约翰·D. 布兰思福特，安·L. 布朗，罗德尼·R. 科金，等. 人是如何学习的——大脑、心理、经验及学校[M]. 程可拉，孙亚玲，王旭卿，译. 上海：华东师范大学出版社，2002.

27. [美]乔伊斯，马歇·韦尔，埃米莉·卡尔霍恩. 教学模式[M]. 荆建华，宋富钢，花清亮，译. 北京：中国轻工业出版社，2009.

28. [美]艾伦·雷普克. 如何进行跨学科研究[M]. 傅存良，译. 北京：北京大学出版社，2016.

29. [美]詹尼弗·泰格. 基于课程标准的 STEM 教学设计[M]. 林悦，译. 北京：中国青年出版社，2018.

30. [美]罗伯特·M. 卡普拉罗，玛丽·玛格丽特·卡普拉罗，詹姆

初中自主课堂建设的思与行

斯·R.摩根.基于项目的 STEM 学习：一种整合科学、技术、工程和数学的学习方式[M].王雪华，屈梅，译.上海：上海科技教育出版社，2016.

31.[日]佐藤学.学习的快乐——走向对话[M].钟启泉，译.北京：教育科学出版社，2004.

32.[日]箱田裕司，都築誉史，川畑秀明，等.认知心理学[M].宋永宁，译.上海：华东师范大学出版社，2013.

33.[意]蒙台梭利.童年的秘密[M].梁海涛，译.上海：上海人民出版社，2012.

后　记

望着长长的文稿，终于可以松一口气了。

回想这半年多的日日夜夜，我全身心扑在电脑前，不断地敲打着键盘，每天撰写到深夜一点多。其间有眼睛的模糊、手臂的麻木，更有思绪理不清的痛苦，但这些都被思想变成文字后的幸福与喜悦代替。

说起自主教育，其实最早的萌芽源于自身的经历。初三时我每门课成绩都不及格，无法毕业。那夜与我父亲的促膝长谈唤醒了我内心自主学习的动机。在复读初三后，以超过师范录取分数线 20 分的优异成绩成为一名教育工作者。到洞桥中学担任校长后，以学生自主学习为核心，积极投身课堂教学改革，学校被中国科学研究院授予"幸福教学五步法"基地。到了瞻岐中学担任校长后，在葛鸿飚等一批志同道合同事的共同努力下，开展基于自主学习的生命教育改革。领导的肯定、同事的认可、学生的进步，给了我极大的课程改革信心。在古林镇中学担任校长的 5 年时间里，我顶层设计并架构学校自主教育体系，在自主文化氛围中积极开展自主课堂教学改革，深入一线课堂听课，与教师们磨课到半夜。我深深地觉得：转变教师教与学的方式，是学生自主成长的关键。教师通过自主学习、合作对话、自主探究、反思质疑的课堂样式，培养学生自主学习能力和创新能力。在未来不确定的社会，学生必须具备这些能力。自主课堂就是一个最好的平台，也是我终身研究的话题。

几年来，不断阅读，不断实践，不断反思，终于提炼出自己对自主课堂的解读与感悟。古林镇中学的自主课堂在传承 40 余年课程改革的基础上，对自主、合作、对话进行更为深入、有效的研究，关注自主学习中精准学情的把握，根据学情来确实教学目标及教学内容，开展有效的

初中自主课堂建设的思与行

合作、对话；关注合作对话时的策略指导，提高合作对话策略运用的有效性；关注自主探究下的自我反思，在反思、评价中调节自我学习，实现从学习到实践的跨越，真正体现以人为本的自主育人理念。

本书共分六章，从自主学习、自主课堂的理论阐述，到实践的行动策略与心得感悟，其间都离不开团队的力量。各章的作者分别为：

第一章　对自主学习的认识(许鹏浩)

第二章　对自主课堂的理解(许鹏浩)

第三章　自主课堂的操作样式(许鹏浩、汪迟)

第四章　自主课堂的实践策略(许鹏浩、陈烈燕)

第五章　自主课堂的实例(许鹏浩、陈成等)

第六章　自主课堂的文化平台建设(许鹏浩)

感谢古林镇中学同人的大力支持与参与。除了上述这些作者外，还有许多案例的作者，如陈成、叶青飞、李银萍、翁旦艳、张玲、胡婧梦、李贝、李小清、王嘉铭、岑王莎、邓瑶瑶、徐璎、陈金永、钱玲玲、毛迪科等教师。感谢学校聘请的教学顾问吴宁亚等给予课程改革的精心指导。感谢语文组全体同人，在周灵春组长带领下，编写出三本课程改革资料，使我的专著内容更为丰厚。感谢宁波教育学院的袁玲俊处长，她一次次的督促是我前进的动力。感谢宁波市教育局的领导们，是他们搭建了宁波市甬派教育管理名家培养对象的平台，给了我写专著的机会。感谢中国教育科学研究院陈如平所长等导师的倾情指导。更要感谢的是我师傅——江苏省教育科学规划领导小组办公室主任、全国教育专家彭钢，他亲自从江苏赶来我校对我进行专著撰写的手把手指导，令我茅塞顿开。在此，一并表达我深深的谢意！

由于编写此书时间仓促，加上笔者的水平有限，本书难免会有不足之处，敬请读者批评指正，不胜感谢。

以此书献给志同道合的同人们！献给曾在教育生涯中帮助过我的所有领导、专家、朋友和同事们！献给在笔耕期间一直默默关心、支持我的爱人！

许鹏浩

2020 年 2 月 17 日于书斋